高中劳动教育系列丛书
丛书主编 ◎ 周业宇 汪润

学科融合

基于"学科"的劳动教育

主编 ◎ 潘大伟

华东师范大学出版社
·上海·

图书在版编目（CIP）数据

学科融合：基于"学科"的劳动教育/潘大伟主编
.—上海：华东师范大学出版社，2024
（高中劳动教育系列丛书）
ISBN 978-7-5760-4815-5

Ⅰ.①学… Ⅱ.①潘… Ⅲ.①劳动课—教学研究—高中 Ⅳ.①G633.932

中国国家版本馆CIP数据核字（2024）第099310号

高中劳动教育系列丛书

学科融合：基于"学科"的劳动教育

丛书主编	周业宇　汪　润
主　编	潘大伟
责任编辑	刘　佳
特约审读	李　欢
责任校对	王丽平
装帧设计	郝　钰

出版发行	华东师范大学出版社
社　　址	上海市中山北路3663号　邮编 200062
网　　址	www.ecnupress.com.cn
电　　话	021-60821666　行政传真 021-62572105
客服电话	021-62865537　门市（邮购）电话 021-62869887
地　　址	上海市中山北路3663号华东师范大学校内先锋路口
网　　店	http://hdsdcbs.tmall.com
印 刷 者	杭州日报报业集团盛元印务有限公司
开　　本	787毫米×1092毫米　1/16
印　　张	14.25
字　　数	237千字
版　　次	2024年7月第1版
印　　次	2024年7月第1次
书　　号	ISBN 978-7-5760-4815-5
定　　价	52.00元

出版人　王　焰

（如发现本版图书有印订质量问题，请寄回本社客服中心调换或电话021-62865537联系）

丛书编委会

总 主 编：周业宇　汪　润
学术顾问：范寿仁　傅建明　陈战耕
编　　委：占　悠　吴星昊　孙宝山
　　　　　潘大伟　刘益琴

本书主编： 潘大伟

副 主 编： 林斌斌　　张　竹　　严海娟

编写人员： 陈　卿　　何露露　　雷　静　　雷舒汉　　李梦洁
　　　　　　　练鹏飞　　林斌斌　　林馨倩　　梅文雅　　潘大伟
　　　　　　　舒　杰　　王慧玲　　徐剑敏　　严海娟　　叶世斌
　　　　　　　张潘武雄　张园园　　张　竹　　金　婷　　张晶晶
　　　　　　　顾窗含　　杨晨曦　　柳钰洁

丛书总序

劳动是生存本质、春种秋收、世界改造，劳动也可以是技术创新、工匠精神、问天苍穹。劳动的上千种形态有其共性特征，即认识世界，认识自我，从而追求更美好的生活。认识了劳动，也就理解了劳动对个人、对社会、对国家的价值，就能进而热爱劳动，尊重普通劳动者，树立"劳动光荣、劳动崇高、劳动伟大、劳动美丽"的意识。

劳动是成长成才的必修课。2020年中共中央、国务院发布的《关于全面加强新时代大中小学劳动教育的意见》以及教育部印发的《大中小学劳动教育指导纲要（试行）》，都旨在强调劳动教育在"五育"中的重要地位，由此也产生了劳动教育如何在学校课程层面和教学层面得以构建、实施和保障的问题。

浙江省丽水中学在2020年9月启动了劳动课程改革，修订并拓展了原有课程体系中的"实践之旅"部分，出台《丽水中学劳动教育课程方案》，并确立了生活劳动、生产劳动和服务型劳动三大实践领域，由"家校美化""技术设计""校园文创""生活技能""职业体验""数字产品"六个劳动模块组成，确保每星期开设一节劳动课，在高中三年完成修习。随后，浙江省松阳一中和浙江省云和中学也都开始探索劳动教育课程长效机制和实践路径，如松阳一中以"劳动教育立心智，以劳为径立远志"为主题，为学生搭建获得真实劳动体验的平台。云和中学以"农耕研学"为主线，拓展劳动教育形式，让学生在研学中体验乡土文化和农耕文化。

2021年9月，基于劳动课程实施一整年的实践和经验，三所学校深刻认识到，要在学术性高中推行劳动教育，要让劳动课程真正落到实地、发挥实效，必须实施开放交融的大课程。既要追溯劳动文化的历史脉络，也要开展基于学科的劳动教育，既要让学生体会书本知识转化为劳动果实的快乐，也要让学生在社会实践中感受平凡劳动者的执着和坚守。大课程意味着五育、学科相互融通，课堂内外、校园内外互为补充，劳动教育多形态，多样式，融入现代元素，贴近青年生活，不说教，真实践，真正发挥劳动教育的育人功能。

鉴于上述思考，2022年10月，由丽水中学牵头筹划，三所学校合力组织编写了这套适合高中学校使用的劳动教育校本读物。本套校本读物共四册，包含《悦享生活：生活劳动教育》《美食美物：生产劳动教育》《角色担当：身边的劳动者》《学科融合：基于"学科"的劳动教育》。前两册从劳动的内容维度展开，具体包括生活劳动与生产劳动两个领域；后两册从劳动教育的实施维度展开，即对身边劳动者的角色认知和在学科教学中融合劳动教育。本套校本读物涵盖了教育部《大中小学劳动教育指导纲要（试行）》的基本内容，在实施路径上具体落实《纲要》规定的"将劳动教育纳入人才培养全过程，丰富、拓展劳动教育实施途径"的指导意见。四册书是并行关系，学校根据教学安排分册实施或综合授课。

我们期待，学生阅读本书、学习本书时，既能获得更真实的劳动实践，又能促进更深层的劳动理解。有十分钟制作一枚书签的即时体验，也要有豌豆成熟四个月的漫长等待。既可以在课堂里学习"四月秀葽，五月鸣蜩。八月其获，十月陨萚"等诗经篇章，又可以在校园里用所学生物学知识为师生开展"为你免费验血型"的志愿者活动。我们期待这套书能回应时代对劳动的弘扬、对劳动者的赞美、对劳动精神的推崇，有助于激励有正确劳动观念的新一代青年积极、主动地投身于民族复兴的伟业之中。

目 录

编写说明   1

第一单元   最珍贵   1

导　语   1

第 1 课 　最珍贵：话财富·品价值   3

第 2 课 　最珍贵：勤劳动·善创造   9

第 3 课 　最珍贵：最光荣·最幸福   19

第 4 课 　最珍贵：有付出·最精彩   29

第 5 课 　最珍贵：收入丰·劳动创   37

第二单元   最美好   45

导　语   45

第 6 课 　最美好：中国梦·劳动美   47

第 7 课 　最美好：建模美·应用美   61

第 8 课 　最美好：爱劳动·身心美   71

第 9 课 　最美好：中国梦·航天梦   81

第 10 课 　最美好：中国梦·能源梦   91

第 11 课 　最美好：生命力·自然美   99

第 12 课 　最美好：耕耘忙·国基稳   107

第 13 课	最美好：生活美·劳动创	119
第 14 课	最美好：地理创·生活美	127
第 15 课	最美好：智能化·技术美	135
第 16 课	最美好：劳动情·音乐美	145
第 17 课	最美好：民艺淳·劳动美	157
第 18 课	最美好：强体魄·运动美	167

第三单元　最光荣　　　　　　　　　　　　　　177

导　语		177
第 19 课	最光荣：勤创造·劳模梦	179
第 20 课	最光荣：访劳模·探职业	193

附件：学科教学与劳动教育融合课程纲要　　　　　213

编写说明

几百万年前,我们的祖先在通过劳动实现手脚分工之后,就在树林里进行筑巢等各种劳动,这是他们进化成人类的伊始。体会劳动的真谛,理解劳动的价值,学会在生活中通过劳动创造价值是我们编撰本书的初衷。

在编写本书过程中,我们融汇了大量信息资料,结合学生的学情、高中教学实际以及浙江省丽水市的特点,形成了三个单元共二十课内容。以解析学科"劳动"为主线,主要概述了劳动价值、劳动财富、学科劳动内涵等概念,并将劳动教育与普通高中课程相结合,形成在实际中可操作、可落实、可检验的劳动课程融合与活动体系,具有一定借鉴意义。

在现实生活中,劳动的意义更体现在它给我们带来的物质与精神的双重财富上,这些财富中最宝贵的是劳动能帮助我们实现自我价值。我们期望学生通过阅读、学习本书,了解劳动者及其事迹、精神,深化劳动情感,强化劳动表达,在实践中感悟劳动精神的可贵,体会劳动的价值和意义,树立新时代正确的劳动价值观。

如今,我国正处于中国特色社会主义新时代,社会不断发展,经济稳步向前,人民的生活水平也越来越高。作为新时代的青年,更应该牢固树立"以辛勤劳动为荣,以好逸恶劳为耻"的观念,并将之落实到实际行动上,用自己的劳动为中华民族伟大复兴添砖加瓦。

本书的顺利完成与丽水中学的大力支持、傅建明教授的悉心指导及编写团队的通力协作是分不开的。本书中的每一个课例都是相关学科老师依据各学科特点和劳动教育在各学科中融合的教学点精心编写而成,难免存在一些需要推敲和打磨之处,恳请各位读者批评指正,我们将继续改进,秉承初心,方得始终。

我们始终坚信人只有通过劳动,才能体现出自身价值,而这些价值才是我们生存在这个世界上的意义。

第一单元
最珍贵

导语

　　什么最珍贵？有人说生命最珍贵，因为人的生命只有一次；有人说时间最珍贵，因为时间一去不复返；有人说健康最珍贵，因为它是生命的基础；有人说快乐最珍贵……确实，生命、时间、健康、快乐都是很值得珍惜的。那么，这一切与劳动又有什么关系呢？马克思说劳动创造了人，在漫长的劳动过程中四足爬行的动物进化为两足站立行走的人；只有勤奋劳作的人才会觉得时间的珍贵，才会有时光飞逝、日月如梭的感叹；劳动会造就一个健康的体魄，动手动脑会保你青春永驻。劳动本身是令人快乐的事情，在创造物质财富和精神财富的过程中，你是否有一种满足的幸福？

本单元以"最珍贵"为主题,共由5课组成:话财富·品价值、勤劳动·善创造、最光荣·最幸福、有付出·最精彩、收入丰·劳动创。编写时,先从现有的教材中析出相关的主题与内容,然后结合社会现实与事件,分析讨论劳动的价值。实施过程中,设计了一系列活动,意图传递尊重劳动、尊重普通劳动者的观念,正确理解劳动对个人成长、家庭幸福、社会进步、国家富强和人类发展的意义,懂得"劳动创造人、劳动创造财富、劳动创造美好生活"的道理,牢固树立"劳动最光荣、劳动最崇高、劳动最伟大、劳动最美好"的新时代劳动价值观。

本单元的学习立足于自主、自觉,建议采用研讨、反思、体悟三种学习方式。如果同学们能结合自身实际来体悟本单元的内容,相信你会顿悟并终身受益。

第 1 课

最珍贵：话财富·品价值

融合引语

劳动是为了更好地创造财富和价值,但要创造财富必须先明白什么是劳动财富,要发挥其价值也必须先明确其内涵,才能找准目标。劳动的主体是人民群众,因此劳动财富和劳动价值的定义也来源于人民群众的生活实践。

那么什么是劳动财富?什么是劳动价值?在本课的学习过程中,我们将通过生活实践,了解劳动财富、劳动价值的含义,明确其应用,体会其内涵。

融合教材

统编普通高中思想政治教科书必修二《经济与社会》第二单元第四课《我国的个人收入分配与社会保障》,人民教育出版社,2020年7月第2版。

统编普通高中思想政治教科书必修四《哲学与文化》第二单元第六课《价值的创造和实现》,人民教育出版社,2019年12月第1版。

融合任务

通过完成本课一系列探究活动,理解劳动财富、劳动价值的含义;能列举和分析生活中的劳动财富和劳动价值,并说出其创造过程。

# 融合活动

活动一：劳动事例齐分享

收集我们身边劳动创造财富的事例，大家共同分享一个或几个让你印象深刻的事例，并从"劳动财富和劳动价值"的角度说一说这些事例为什么让你印象深刻。

大家一起选一选哪个事例最能体现人民的劳动成果。

活动二：共话"劳动财富"

图 1-1 劳动场景组图（图片来源：视觉中国）

1. 用自己的话说一说图片（图 1-1）中分别创造了什么劳动财富。

2. 你认为什么是劳动财富？

小明说：劳动财富就是劳动得到的成果。

小红说：劳动财富就是劳动给人们带来的经济增长。

小强说：……

我认为：_____

_____

活动三：劳动财富和劳动价值

我们身边还有更多的人在从事生产生活劳动、科学实验劳动、社会服务劳动等，请你说说他们创造的劳动财富和劳动价值给你以及他们自己带来了哪些积极影响。

身边的劳动者们都在以自己的方式劳动、实践，他们创造的劳动财富和劳动价值为我们带来的不仅是生活的富足、精神的鼓舞，更是劳动者自身的全面发展。

劳动是劳动者的脑力和体力的支出，是物质财富和精神财富的创造活动。劳动所创造的劳动财富和劳动价值对国家社会发展和人的发展都具有重要意义：从个人角度看，劳动是我们取得收入，获得生存的谋生手段；从国家角度看，劳动创造了财富和价值，是人类文明进步发展的源泉。

劳动链接：

劳动价值，它是一种特殊的使用价值，它是劳动力这种特殊的商品所产生的使用价值，是一种能够产生价值增值的使用价值。它既来源于使用价值：劳动者通过消费一定形式和一定数量的生活资料使用价值后，将其转化为劳动潜能（这是一种过渡的价值形式），在劳动过程中再将劳动潜能转化为劳动价值；它又服务于使用价值。

第 2 课
最珍贵：勤劳动·善创造

 **融合引语**

　　中华民族是勤于劳动、善于创造的民族。劳动自古以来都是中华民族的传统美德，中华民族之所以可以生生不息、蓬勃向上，与劳动是密不可分的。

　　那我们了解我们中华民族的劳动精神和渊源吗？我们五十六个民族是怎样通过劳动为中华民族伟大复兴做出自己的贡献的？我们中国作为有担当的大国，又是怎样通过劳动为共同构建人类命运共同体付出努力的呢？劳动是珍贵的，我们每一位中华儿女都应当勤于劳动、善于创造，在劳动中成就我们这个时代。

 **融合教材**

　　统编普通高中思想政治教科书必修四《哲学与文化》第二单元第六课"弘扬劳动精神　实现人生价值""在个人与社会的统一中创造和实现价值""在砥砺自我中创造和实现价值"，人民教育出版社，2019年12月第1版。

 **融合任务**

　　班级将举行民族劳动精神的认识和了解活动，请同学们积极参与以下三个活动。

 # 融合活动

活动一：中华民族劳动渊源知多少

环节1：同学们结合自己的知识和了解到的信息，分享讨论我们中华民族从古至今有哪些为我们所熟知的劳动事迹？

万里长城 　　　　　　　　　　　布达拉宫

四大发明　　　　　　　　　　　京杭大运河

图 2-1　场景组图（图片来源：视觉中国）

环节2：说一说你知道的歌颂劳动的诗词歌赋或者名人名言。

1. 日出而作，日入而息。——《击壤歌》
2. 锄禾日当午，汗滴禾下土。——《悯农（其二）》
3. 春种一粒粟，秋收万颗子。——《悯农（其一）》

4. 昨日入城市，归来泪满巾。——《蚕妇》
5. 风劲角弓鸣，将军猎渭城。——《观猎》

环节 3：课后去查查还有哪些关于中华民族劳动的名言。

活动二：中华民族是具有劳动精神的伟大民族

劳动精神是每一位劳动者为创造美好生活而在劳动过程秉持的劳动态度、劳动理念及其展现出的劳动精神风貌。劳动创造了中华民族的辉煌历史，也必将创造出中华民族的光明未来。全社会都要热爱劳动，以辛勤劳动为荣，以好逸恶劳为耻。

思考：劳动精神可以表现为哪些方面？

图 2-2　艺术雕刻（图片来源：视觉中国）

劳动精神是成为人的精神，工匠精神是成为更加优秀的人的精神，劳模精神则是成为影响别人的人的精神。成为人、成为更加优秀的人、成为影响别人的人，就是一种逐步递进的关系。党和国家现在大力呼吁弘扬劳动精神、工匠精神、劳模精神，目的就在于让每一个人都热爱劳动，成为自食其力的劳动者，更要成为优秀的劳动者，甚至成为广大劳动者群体中的佼佼者和大家学习的榜样。

活动三：中国梦——劳动梦

组织同学观看《中国梦·劳动美——2022五一国际劳动节"心连心"特别节目》，想一想：我们为什么要如此弘扬劳动精神？自己又该为实现中国梦做出怎样的贡献？

图 2-3　劳动最光荣（图片来源：视觉中国）

中国梦与个人梦唇齿相依。我们追逐自己的梦，本身构成了中国梦的一块块基石。中国梦的建构，又为我们放飞自己的梦想提供了平台和土壤。当中国梦与个人梦同频共振时，两者都会加速绽放。

劳动链接：

"平语"近人——感悟习近平总书记的劳动观

劳动有多重要？

◎中华民族是勤于劳动、善于创造的民族。正是因为劳动创造，我们拥有了历史的辉煌；也正是因为劳动创造，我们拥有了今天的成就。

——2015年4月28日，习近平在庆祝"五一"国际劳动节暨
　　表彰全国劳动模范和先进工作者大会上的讲话

◎劳动是一切成功的必经之路。当前，全国各族人民正满怀信心为实现"两个一百年"奋斗目标而努力。实现我们确立的奋斗目标，归根到底要靠辛勤劳动、诚实劳动、科学劳动。

——2014年4月30日，习近平在乌鲁木齐接见劳动模范和
先进工作者、先进人物代表，向全国广大劳动者致以"五一"节问候

◎人民创造历史，劳动开创未来。

◎实现我们的奋斗目标，开创我们的美好未来，必须紧紧依靠人民、始终为了人民，必须依靠辛勤劳动、诚实劳动、创造性劳动。

◎劳动是财富的源泉，也是幸福的源泉。人世间的美好梦想，只有通过诚实劳动才能实现；发展中的各种难题，只有通过诚实劳动才能破解；生命里的一切辉煌，只有通过诚实劳动才能铸就。

——2013年4月28日，习近平来到全国总工会机关，
同全国劳动模范代表座谈并发表重要讲话

如何对待劳动？

◎一切劳动者，只要肯学肯干肯钻研，练就一身真本领，掌握一手好技术，就能立足岗位成长成才，就都能在劳动中发现广阔的天

地，在劳动中体现价值、展现风采、感受快乐。

　　——2015年4月28日，习近平在庆祝"五一"国际劳动节暨
　　　　表彰全国劳动模范和先进工作者大会上的讲话

　　◎劳动模范和先进工作者、先进人物不仅自己要做好工作，而且要身体力行向全社会传播劳动精神和劳动观念，让勤奋做事、勤勉为人、勤劳致富在全社会蔚然成风。

　　——2014年4月30日，习近平在乌鲁木齐接见劳动模范和先进工作者、先进人物代表，向全国广大劳动者致以"五一"节问候

树立什么样的劳动观念？

　　◎人类是劳动创造的，社会是劳动创造的。劳动没有高低贵贱之分，任何一份职业都很光荣。

　　——2016年4月26日，习近平在知识分子、劳动模范、
　　　　青年代表座谈会上的讲话

　　◎全社会都要贯彻尊重劳动、尊重知识、尊重人才、尊重创造的重大方针，全社会都要以辛勤劳动为荣、以好逸恶劳为耻，任何时候任何人都不能看不起普通劳动者，都不能贪图不劳而获的生活。

　　——2015年4月28日，习近平在庆祝"五一"国际劳动节暨
　　　　表彰全国劳动模范和先进工作者大会上的讲话

　　◎必须牢固树立劳动最光荣、劳动最崇高、劳动最伟大、劳动最美丽的观念，崇尚劳动，造福劳动者，让全体人民进一步焕发劳动热情、释放创造潜能，通过劳动创造更加美好的生活。

　　——2013年4月28日，习近平来到全国总工会机关，
　　　　同全国劳动模范代表座谈并发表重要讲话

弘扬什么样的劳模精神？

　　◎全面建成小康社会，我国亿万劳动群众是主体力量。希望我国广大劳动群众以劳动模范为榜样，爱岗敬业、勤奋工作、锐意进取、

勇于创造，不断谱写新时代的劳动者之歌。

◎劳动模范是劳动群众的杰出代表，是最美的劳动者。劳动模范身上体现的"爱岗敬业、争创一流，艰苦奋斗、勇于创新，淡泊名利、甘于奉献"的劳模精神，是伟大时代精神的生动体现。

——2016年4月26日，习近平在知识分子、劳动模范、青年代表座谈会上的讲话

第 3 课
最珍贵：最光荣·最幸福

融合引语

谁是值得尊敬的人？追逐梦想的奋斗者，服务社会的建设者，技术创新的推动者，带头致富的先行者……他们，都是值得尊敬的劳动者。在本课的学习中，我们将聚焦不同时期各行各业的不同类型的劳动者来描述劳动价值的创造过程，感受劳动价值、劳动财富的创造、产生及其所带来的社会影响，并由此畅想如何成为知识型、技能型、创新型劳动者大军的一员，接力弘扬劳模精神和工匠精神，延续劳动光荣的社会风尚和精益求精的敬业风气。

融合教材

统编普通高中思想政治教科书必修四《哲学与文化》第二单元第六课《价值的创造和实现》，人民教育出版社，2019年12月第1版。

融合任务

班级将举行"寻找值得尊敬的人——劳动模范在身边"活动，请积极参与以下三个活动，和同学一起完成如下任务。

 # 融合活动

活动一：聚焦劳动群像

1. 上网收集资料，以六人小组合作的形式完成"我心目中的劳动模范"信息表填写，再将该表进行传阅、交流。

表3-1 "我心目中的劳动模范"信息表

我心目中的劳动模范			
时 期	劳动模范代表	工作领域	劳动事迹/成果
革命战争年代			
新中国成立后			
改革开放新时期			

提示：在革命战争年代，"边区工人一面旗帜"赵占魁、"兵工事业开拓者"吴运铎、"新劳动运动旗手"甄荣典等劳动模范，以"新的劳动态度对待新的劳动"，积极参加义务劳动，全力支援前线斗争，带动群众投身中国共产党领导的人民解放事业。

新中国成立后，"高炉卫士"孟泰、"铁人"王进喜、"两弹元勋"邓稼先、"知识分子的杰出代表"蒋筑英、"宁肯一人脏、换来万人净"的时传祥等一大批先进模范，响应党的号召，带动广大群众自力更生、奋发图强。王进喜以"宁肯少活20年，拼命也要拿下大油田"的气概，带领石油工人为我国石油工业发展顽强拼搏，"铁人精神"和"大庆精神"也因此成为激励各族人民意气风发投身社会主义建设的强大精神力量。

在改革开放新时期，"蓝领专家"孔祥瑞、"金牌工人"窦铁成、"新时期铁人"王启明、"新时代雷锋"徐虎、"知识工人"邓建军、"马班邮路"王顺友、"白衣圣人"吴登云、"中国航空发动机之父"吴大观等一大批劳动模范和先进工作者，干一行、爱一行、专一行、精一行，带动群众锐意进取、积极投

身改革开放和社会主义现代化建设，为国家和人民建立了杰出功勋。

2. 每组选定一位劳动模范就其劳动事迹进行分享，从中感受劳动价值的创造过程，说一说劳动价值的形成需要哪些要素。

提示：劳动价值是由人类自身机体所产生的，是人的劳动能力的价值体现，是由人在劳动过程中所释放出来的。人类机体的生存与发展离不开生活资料的消费，人的劳动能力的形成、维持与发展，必须以消费一定数量、质量、形式的生活资料使用价值为前提。

活动二：走近劳动榜样

1. 2022年4月，共有966人被中华全国总工会授予2022年全国五一劳动奖章。说一说劳动奖章都颁发给了哪些劳动者，为什么要发给他们。

提示：2022年4月28日，中华全国总工会召开大会，表彰2022年全国五一劳动奖和全国工人先锋号获得者。共颁发全国五一劳动奖状200个、全国五一劳动奖章966个、全国工人先锋号956个。其中，单列35个奖章、3个先锋号名额，表彰全国职工职业技能大赛优胜者和国家重大工程项目的建设者。在常规表彰中，今年产业工人比重尤其突出，共计373名，占40.1%。基层一线的劳动者共计613人，占65.9%，其中农民工149人，占16.0%，科教人员204名，占21.9%。从行业覆盖面看，表彰对象覆盖了国民经济行业分类中除"国际组织"之外的所有19个行业大类。其中，在常规表彰中，表彰对象最多的是"制造业"，占34.1%。一大批国有企业集体和个人获得表彰。在长期实践中，广大国有企业劳动者大力弘扬劳模精神、劳动精神、工匠精神，勤于创造、勇于奋斗，满怀信心投身全面建设社会主义现代化国家、实现中华民族伟大复兴中国梦的伟大事业，在平凡岗位上书写不平凡的故事，用自己的智慧和辛勤劳动为经济社会发展贡献力量。社会主义是干出来的，新时代是奋斗出

图3-1 向劳动者致敬（图片来源：视觉中国）

来的。榜样就在身边，向劳动者学习、致敬！

罗明浩——宁波江丰电子材料股份有限公司首席技师，高级技师。

人物事迹：2005年，罗明浩参与设计我国首条超大规模集成电路用溅射靶材生产线，并由他来主导生产线大型关键设备的设计、安装和调试。凭着拼劲，罗明浩成立了设备科，带领团队的其他队员全身心投入到了生产线的建设中。不懂就学，跑日本、跑东北，罗明浩一个一个环节地去研究、攻克，啃下了一个又一个硬骨头。他积极发挥专业特长，结合半导体靶材设备实际所需设计改造了大批国产装备，为中国第一代半导体用高纯铝靶、钛靶、铜靶、钽靶、钼靶、LCD靶等的制造作出了重要贡献。

徐有祖——台州恩泽医疗中心（集团）台州医院呼吸与危重症医学科副主任、浙江省援鄂医疗队第五临时党支部副书记、台州市第一批援鄂医疗队队长。

人物事迹：徐有祖有着19年呼吸与危重症医学方面的医疗经验，熟练掌握呼吸内科常见病、疑难病的诊治，经常参与危重症病人的抢救，经验丰富，技术过硬，曾在台州市开展首例超声支气管镜引导下纵隔淋巴结穿刺手术、首例支气管镜引导下放射性粒子植入术、首例硬质支气管镜下Y型气管支架置入术、首例Y型硅酮支架置入手术等。在急难险重任务面前勇于担当、冲锋在前，是徐有祖的一贯作风。2011年，他主动前往贵州省沿河土家族自治县人民医院开展为期3个月的对口帮扶；2014年，他接受组织委派，前往新疆阿克苏地区指导军团医院呼吸内科支气管镜室建设，都圆满完成了任务。在疫情期间，经过大家的努力，他们主管的病区收治患者293人，其中重症156人、危重症65人，累计治愈出院252人。

叶如平——浙江万地房产投资集团董事长、丽水市慈善总会副会长、浙商财富俱乐部理事会理事。

人物事迹：叶如平于2001年辞去公职开始自主创业，公司现已发展成为以房地产开发为主，拥有总资产7.6亿元、5家下属子公司和3家控股公司的多元化集团。2008年集团及控股公司实现销售收入7.77亿元，比上年增长8.8倍。他领导的企业注重创新发展，立足差异化竞争，致力于高端写字楼、大型商业地产开发，公司成为丽水乃至浙江省商务地产界的领军企业之一。公司控股开发的杭州万银国际一期项目，因超前的国际化设计和顶级的品质配置，在杭州商务地产界打出了"丽水制造"的金字招牌，创造了逆市热销的经典案例，一举夺得2008年度浙江商务地产销售排行榜第三名的骄人业绩。在全球金融危机面前，他带领企业迎接挑战，稳扎稳打，毅然动工兴建30多万平方米、总投资超过25亿元的万地·世贸广场和杭州万银国际二期项目。在全球金融危机面前，他坚守诚信，勇于承担社会责任，是丽水唯一公开承诺支付到期借款本息的房地产企业。他还是一位热爱丽水、心系家乡建设、热忱投身公益事业的企业家，2008年度被浙江省政府授予"浙江慈善个人奖"。

朱祖德——桐庐大众出租车有限公司驾驶员。

人物事迹：朱祖德今年48岁，2010年起他到桐庐县城开始开出租车，第二年便为自己立下一个规矩：凡县城老人、孕妇和残疾人乘坐他的出租车，一律免费，他也因此获名"三免的哥"。朱祖德表示，这些服务的对象都是特殊人群，需要受到关心与关爱，自己既然立下了这么一个规矩，就必须倾力做到，在对每一个乘客热情服务的同时，丝毫不降低自己的服务质量。而朱祖德的爱心同样感染了身边的同事，以他为榜样的同事纷纷加入到这支传递爱心的队伍中来。2014年3月5日，这支以朱祖德为代表的"朱师傅车队"成立了，他们一同把朱祖德助人为乐、服务大众的"正能量"传递给身边的同行。

陈双连——浙江严牌过滤技术股份有限公司加工车间缝纫工。

人物事迹：陈双连在滤袋缝制加工车间，坚持扎实基本功，不断积累经验，提升自己的操作水平，以提高产品质量、提升生产速度为己任。不仅做到产出保质保量保证产品合格率，还降低了次品率，减少了材料浪费。她工作耐心细致、认真务实，面对困难积极探索，勇于创新。在缝制圆筒滤袋时，她先将订单仔细地分别归类，做到对每种滤袋的缝制要求了然于胸，最大程度减少缝制过程中的尺寸误差，提高合格率。她为人严谨，做事脚踏实地，对于自己比较熟悉的规格也是丝毫不敢马虎地缝下每一针每一线，因此她加工产品越来越快，也越来越稳。她奋发进取，不骄不躁，积极参加公司和政府组织的各项技能竞赛并取得了一系列优异成绩。在踏实进取的工作之余，她还主动帮助技术上有困难的同事，经常与同事们切磋技艺互相进步，积极主动做好帮忙带人的工作，有效提升了车间缝纫工整体的技术水平，更带动起了大家的工作热情，为大家的共同进步奉献自己的热情和能力。

2. 阅读 2022 年全国五一劳动奖章获得者的事迹，说一说他们分别在什么领域作出了贡献，并讨论他们劳动所创造的价值对于社会的影响。

提示：可从全面建成社会主义现代化强国、实现中华民族伟大复兴、推动社会生产力的发展（劳动者在生产力发展中起主导作用）、形成并弘扬劳模精神和工匠精神、营造劳动光荣的社会风尚和精益求精的敬业风气等角度进行思考。

图 3-2　劳动最光荣（图片来源：视觉中国）

活动三：争做劳动标兵

拟写一份职业规划，结合劳动价值产生的过程及其对社会的影响思考如何创造更多、更高的劳动价值。

提示：劳动不分贵贱，只有分工不同。劳动是光荣的、美丽的、伟大的，要珍惜每一份劳动成果，劳动者在权利和地位上都是平等的，都应该得到尊重。一代人有一代人的使命，不同时代的劳模，对于今天的我们有怎样的启迪？答案便是奋斗本身。劳动者要提升自身的素质和能力，树立正确的就业观，把个人发展与社会需要相结合，要大力弘扬劳模精神、劳动精神、工匠精神，以不懈奋斗奏响新时代劳动者之歌，让青春在党和人民最需要的地方绽放出绚烂之花。

劳动链接：

◎劳动新风向：新修订的《中华人民共和国职业教育法》于2022年5月1日起施行，首次以法律形式确定职业教育与普通教育地位同等重要。本次修订明确：①职业学校学生在升学、就业等方面与同层次普通学校学生享有平等机会，到2025年职业本科教育规模不低于高职10%；②提高技术技能人才的社会地位和待遇；③用人单位不得设置妨碍职业学校毕业生平等就业的报考、录用、聘用条件。

◎《中华人民共和国国民经济和社会发展第十四个五年规划和2035年远景目标纲要》提出：健全有利于更充分更高质量就业的促进机制，扩大就业容量，提升就业质量，缓解结构性就业矛盾。

◎职业规划：根据中国职业规划师协会的定义，职业规划是对职业生涯乃至人生进行持续的系统的计划的过程，它包括职业定位、目标设定和通道设计三个要素。

融合成果

在班团课时，组织举办"寻找值得尊敬的人——劳动模范在身边"活动，从公告发布、会场布置到现场组织，要求人人有任务、人人都参与。

活动提示：

1. 发布公告。

"寻找值得尊敬的人——劳动模范在身边"公告

亲爱的同学们：

　　在日常生活中，你接触过哪些领域的劳动者？他们都创造了哪些价值？你觉得哪些人值得你尊敬？为什么？你会如何向他们看齐、靠拢？

　　快来为尊敬的劳动模范"打 call"吧！

×××班委会
××××年××月××日

2. 推选主持人、互评小组，确定小组展示顺序。

_____

_____

_____

_____

提示：以流程图的形式确定顺序。

3. 小组精心准备图片、文字、小视频等素材，向全班同学推荐本小组的劳动模范。

_____

_____

_____

_____

提示：以幻灯片和视频的形式配合解说。

4. 将录制的分享会视频加工后，在家长群及班级群展出。

第 4 课

最珍贵：有付出・最精彩

第 4 课　最珍贵：有付出·最精彩

融合引语

　　劳动是物质财富的源泉，也是价值的唯一源泉，幸福生活都是奋斗出来的。世界上从来没有坐享其成的好事，我们取得的伟大成就不是天上掉下来的，更不是别人恩赐与施舍的，而是各族人民用勤劳、智慧、勇气干出来的，财富要靠勤劳智慧来创造、来推进。勤劳是中华民族的传统美德。"民生在勤，勤则不匮"，中华文明上下五千年，经历了翻天覆地的变化，从农耕文明到现代文明，勤劳的中国人靠双手改变了中国贫穷落后的面貌，全面建成小康社会，向中国式现代化目标不断前进。

融合教材

　　统编普通高中思想政治教科书必修二《经济与社会》第二单元第四课《我国的个人收入分配与社会保障》，人民教育出版社，2020 年 7 月第 2 版。

　　统编普通高中思想政治教科书必修四《哲学与文化》第二单元第五课《社会历史的主体》，人民教育出版社，2019 年 12 月第 1 版。

融合任务

　　班级将举行"寻找最美劳动能手"主题班会活动，请和同学一起完成其中三个活动。

融合活动

活动一：感悟名言

◎人生在勤，不索何获？——（东汉）张衡《应闲》
◎劳动是人生一桩最要紧的事体。——蔡元培《蔡元培美学文选》
◎我觉得人生求乐的方法，最好莫过于尊重劳动。一切乐境，都可由劳动得来，一切苦境，都可由劳动解脱。——李大钊《现代青年活动的方向》

1. 结合名言，谈谈你对劳动重要性的理解。

_____
_____
_____
_____
_____

2. 先贤圣哲们关于"有付出，最精彩"曾有过诸多论述，课外去搜集一些记录在下面。

_____
_____
_____
_____
_____

活动二：走进故事

故事1："我从小就有一个梦想，进厂当一名产业工人，这是一种选择，也是一种享受。"在实现梦想的道路上，贵州钢绳（集团）有限公司二分厂技术员周家荣已坚持了30多年。多年来，他先后参与了100余件特殊产品、重点产品的生产，经技术质量部门检验全部合格，交付用户后也未发生一起质量异议。在周家荣眼中，取得如此成绩，全然得益于自身对岗位的热爱。"岗位是我们的生存之本，只有热爱岗位，我们才能干一行、爱一行、专一行，才能在自己的岗位上、业务技能上不断取得突破。"[1]

故事2：在金川集团铜业有限公司贵金属冶炼分厂提纯班班长潘从明眼中，父亲的影响是巨大的。"刚参加工作时，父亲告诉我，工作上要脚踏实地，这些话一直激励着我。"2013年，一次科研项目，潘从明的试验做了许多遍仍没有理想结果，他开始灰心，但父亲的教诲提醒他必须冷静思考。"我又把试验数据重新上传，终于发现有一个重要的细节被忽略，我马上重新修订方案，最终解决了问题。"潘从明说，是父亲的教诲一直激励他勇做贵金属产业发展过程中的大国工匠。[2]

故事3：盘根盒类似于油井的喉咙，抽油杆通过它延伸至千米地下，过往更换其密封填料时需用螺丝刀进行抠取，但越深越难抠，工作费时又费力。通过创新，刘丽研制出"上下可调试盘根盒"，使采油工户外作业时间缩短30分钟，盘根使用寿命增加了5个月。刘丽表示"像这种小工具，我和工友们已做了1 048件，累计创效1.2亿元。作为一名普通的采油工人，能够通过创新为企业多省钱、为国家多产油，我感到十分自豪。"[3]

结合上面材料，回答下面问题。

1. 周家荣、潘从明、刘丽三位先进人物的事迹对我们有何启示？

_____

_____

---

[1][2][3] 人民网.岗位成才　奋斗圆梦——全国劳动模范和先进工作者代表讲述奋斗故事[EB/OL].（2020-11-25）[2024-03-15].http://politics.people.com.cn/n1/2020/1125/c1001-31943143.html.

2. 他们分别为社会做了什么贡献?

3. 对"有付出,最精彩",你怎么理解?结合上述材料说明。

活动三：我付出　我精彩

环节一：班级以"做最美的劳动者"为主题出一期黑板报，围绕身边的劳动者，挖掘其值得学习的劳动事迹，结束后进行评比。

评比标准如下（表4-1）：体现主题（25分），文字书写（25分），排版设计（25分），整洁美观（25分），满分100分。

表4-1 "做最美的劳动者"黑板报评分表

班级	体现主题（25分）	文字书写（25分）	排版设计（25分）	整洁美观（25分）	总　分
1班					
……					

环节二：组织师生进行"我的校园我打扫"卫生清扫活动，同学们在活动中体验劳动的乐趣，感受劳动的艰辛，从而懂得尊重劳动人民，珍惜劳动果实。同时，举办摄影比赛，记录师生们卫生清扫的劳动瞬间，最后进行展览表彰。

图4-1 校园卫生清扫活动（图片来源：丽水中学）

融合成果

请编写一个校园劳动活动方案，并说明该劳动方案在个人成长、社会发展中发挥了哪些作用？

第 5 课

最珍贵：收入丰·劳动创

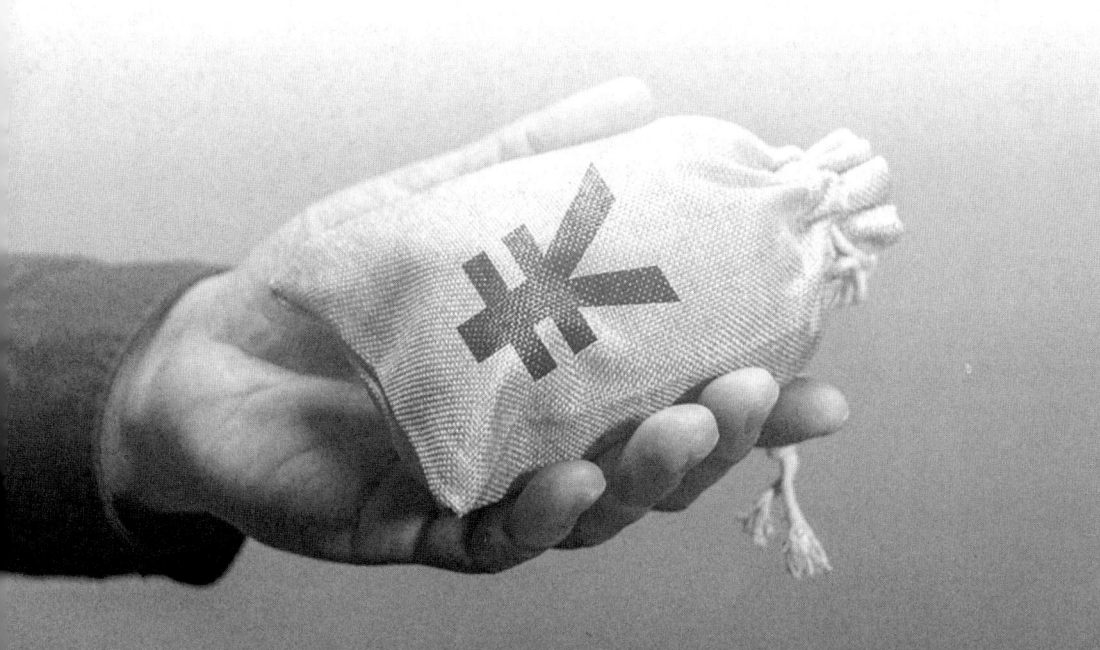

融合引语

按劳分配是社会主义的分配原则。它的基本内容和要求是：有劳动能力的社会成员必须参加劳动；在做了必要的扣除后，以劳动者提供的劳动为尺度对个人进行分配，多劳多得、少劳少得。坚持以按劳分配为主体、多种分配方式并存的分配方式，要让劳动、资本、土地、知识、技术、管理、数据等生产要素参与收入分配。让一切要素的活力竞相迸发，让一切创造社会财富的源泉充分涌流，推动资源优化配置，促进经济发展。

融合教材

统编普通高中思想政治教科书必修二《经济与社会》第二单元第四课《我国的个人收入分配与社会保障》，人民教育出版社，2020年7月第2版。

融合任务

班级以小组为单位，分析家庭收入变化，了解省内共富示范区的发展变化。

融合活动

活动一：调查分析

调查和收集家庭收入来源，对比爷爷奶奶与爸爸妈妈收入的变化。

活动二：经验分享

2011年的鲁家村还是一个传统的农业村，"脏、乱、差"，村集体账户上只有6000元、背负贷款150万元。有多年经商经验的朱仁斌当选为村委书记后，开始用新的思路发展鲁家村。请专业机构帮助解决"家庭农场集聚区"的定位问题，带着PPT四处奔走招商……鲁家村梳理出一整套经营乡村的"鲁家模式"，即引入社会企业，共同组建经营公司，村集体占股49%，社会企业占股51%，让村民成为股民，得到切实的收益。这种"公司＋村集体＋家庭农场"的模式，带动一、二、三产业融合发展，大力发展乡村旅游，实现乡村振兴。鲁家村出资

图 5-1　鲁家村（图片来源：视觉中国）

百余万聘请设计团队，按照 4A 级景区标准对全村进行规划设计。先期设计的 18 个家庭农场，根据区域功能划分，量身定制各自的面积、风格、位置、功能等。其中包括一个核心农场，位于中心村，其余 17 家农场错落有致地分布在四周。18 家农场分别以野山茶、特种野山羊、蔬菜果园、绿化苗木、药材等产业为主，没有一家重复，这是鲁家村家庭农场的特色。在旅游上，鲁家村的整体布局是一中心两环四区：一中心是游客服务中心，约 200 亩，由火车站广场、停车场、生态湖和两栋建筑组成；"两环"是指两条观光环线，即观光火车环线和观光电瓶车环线；四区，就是 18 种产业支撑的农场。如今，鲁家村村民收入主要有四方面来源：村集体分红、土地流转的租金、在田园综合体的劳务工资以及村民自主经营民宿等业态的收入。这样的分配机制从根本上保障了村民生活就业，让家庭农场能够可持续地经营下去，让乡村田园变成人人爱玩的乐园。①

根据上述材料完成下面问题。

1. 假如你是鲁家村的村委书记，请你从个人收入分配的方式、途径及意义的角度，介绍使村民钱袋子越来越鼓的鲁家村经验。

2. 有人认为鲁家村村民可以"坐等"分红，完全"躺平"了，对此你怎么看？

---

① 岭南田园文旅. 从负债百万到资产过亿，穷山沟"逆袭"变身旅游"明星村"！[EB/OL].（2022-03-30）[2024-03-15].https://www.sohu.com/a/533847369_121209218.

活动三：方案设计

2023年浙江省共富办公布省高质量发展建设共同富裕示范区第三批试点名单，最终确定"七个先行示范"领域共计36个试点，丽水两个项目入选。

（1）丽水市食品小作坊"精彩单元"示范建设试点。

丽水市聚焦打造"特色美食村""共富食坊""共富园区"等一批市场监管助富改革项目，通过食品小作坊标准化管理、集约发展、品质提升、品牌创建，努力打造特色富民食品产业链，带动当地创业就业和农民增收，为建设富有山区特色的共同富裕示范区贡献力量。

（2）缙云县探索农业一二三产融合新机制试点。

缙云试点立足山区县特点，突出改革创新，以农业标准化、产业化、品牌化、融合化发展为引领，推动农业一二三产深度融合，探索形成农业产业链，打造促进农民"扩中""提低"的有效路径，为全省农业高质量发展以及山区26县跨越式高质量发展提供先行经验。[①]

1. 同学们以小组合作方式收集两个试点项目的进展情况，总结丽水市在助力浙江省收入分配改革示范区打造过程中采取的具体举措及其意义。

[①] 丽水网.丽水市两项目入选第三批省级共富试点［EB/OL］.（2023-05-09）［2024-03-15］.https://www.zj.gov.cn/art/2023/5/9/art_1554469_60122260.html?eqid=cefba5500002d02100000005645b41aa.

2. 解读浙江省出台的政策，走访当地农村，请你结合实际设计一个可行的增加农民劳动性收入的方案。

劳动链接：

1. 学习《中共中央 国务院关于支持浙江高质量发展建设共同富裕示范区的意见》文件，并写一份读后感。

2. 学习浙江省委召开的高质量发展建设共同富裕示范区推进大会会议内容。

3. 观看系列视频《读懂中国这十年》，感受非凡十年的成就。

秋水寒白毛，
白鹭江心立。

（图片提供者：周晓阳）

第二单元
最美好

导语

"庖丁解牛"的故事,同学们都耳熟能详吧。庖丁解牛"手之所触,肩之所倚,足之所履,膝之所踦,砉然向然",那动作自然协调,节奏分明,跟跳《桑林舞》一样地翩然起落,跟演奏《咸池乐章》一般的节奏和谐。庖丁陶醉在这份劳作之中——"提刀而立,为之四顾,为之踌躇满志",洋洋得意之情溢于言表。由此可见,劳动不仅创造美,而且劳动作为一个过程,本身就能带来美的享受。当一个人掌握特定的知识和一定的技能,并能用它解决现实问题时,就能够给劳动者带来美感,因为庖丁不仅是在"解"一头牛,而且是在表达一种艺术。

作为高中生，我们要学习语文、政治、历史、数学、物理、化学、音乐、体育、美术等诸多科目，而这些知识与技能正是我们改造客观世界所必需的。当我们用自己所学解决现实问题时，相信同学们的心中会产生一种美感。

　　本单元，我们将从学科维度入手，梳理学科体系中的劳动教育因素，将学科知识与劳动技能融为一体。在学习学科知识的同时，体验不同学科的劳动话语；在体悟具体劳动情境的同时，继承中华民族勤俭节约、敬业奉献的优良传统，弘扬开拓创新、砥砺奋进的时代精神，强化劳动表达；在劳动实践中增强体力，提高智力，提升创造力，在不同的劳动实践中学以致用，得到全面锻炼，为成为新时代合格的劳动者做好准备。

第 6 课

最美好：中国梦·劳动美

融合引语

由中华全国总工会和中央广播电视总台共同举办的《中国梦·劳动美——2022五一国际劳动节"心连心"特别节目》聚焦全国劳动模范、大国工匠、工程师、最美职工、冬奥冠军以及来自各行各业的普通劳动者。

"劳动美"的新闻和节目的内容就发生在我们身边,但是哪些劳动新闻是值得浏览的?什么样的劳动新闻算是优秀的新闻?新时代的青年应当树立怎样的劳动观念?为了致敬最美劳动者、感恩书写"劳动美"的新闻记者,我们将策划并举办"劳动最强音"评选会。

融合教材

统编普通高中语文教科书必修上册第二单元(第31—52页)《喜看稻菽千重浪——记首届国家最高科技奖获得者袁隆平》《心有一团火,温暖众人心》《"探界者"钟扬》《以工匠精神雕琢时代品质》,人民教育出版社,2019年8月第1版。

融合任务

班级将举行"传播劳动最强音——'劳动最强音'颁奖会"活动,请同学们一起参与其中三个活动,并完成如下任务。

融合活动

1. 请从报纸和网站中，挑选一篇你认为"最优秀"的、能表现"劳动最强音"的新闻作品。可以从劳动报网、工人日报网等网站中筛选。

---

1. 劳动报（www.511db.com）

_____

_____

_____

_____

_____

_____

_____

---

2. 浏览新闻，采用圈点、勾画的方式提取新闻信息，从事实与观点的角度，抓住典型事件和细节描写，分析劳动精神、劳动者精神品质。

3. 以六人小组为单位，小组列表分项讨论并拟写"劳动最强音"的评选标准。

4. 根据拟写的评定标准选出本组的"劳动最强音"新闻，由本组朗诵最好的同学担任颁奖人，在推荐会中诵读本组的"劳动最强音"的颁奖词。

5. 举办"劳动最强音"评选会，确定评选标准，为喜爱的"劳动最强音"投票。

活动一：我是"读书人"：我读教材中三篇人物通讯

1. 根据表6-1，从人物身份、荣誉、品质及追求四个方面梳理三个人物的共同之处。

表6-1 人物通讯总结

劳动者	时代背景	人物身份	工作领域	所获荣誉	精神品质	人生追求
袁隆平	20世纪50—60年代	科学家	农业	国家最高科技奖	实践、创新、求真、不断追求	绿色革命
张秉贵	20世纪七八十年代	售货员	零售业（服务业）	全国劳模	精业、敬业、爱岗奉献、有爱	为革命事业做贡献
钟　扬	21世纪的当下	植物学家、科普达人、援藏干部、教育专家	植物界、教育、科学	"时代楷模"	坚定、热爱、温暖、生命不息	完成许多人的梦想

身份：_____

荣誉：_____

品质：_____

追求：_____

提示：

身份：劳动者。

荣誉：模范性、先进性和代表性。

品质：把自己的工作当作事业，充满着热爱。或者，不关注个人得失，把他人、社会、国家放在第一位。

追求：和中国梦相融合，都有一个劳动梦，分别是水稻种子梦、服务的梦、植物种子梦。

2. 根据三篇人物通讯，体悟哪些劳动最美好。

___

___

___

提示：融合中国梦，展现新时代劳动者的精神风貌。

活动二：我是"读报人"：我读"劳动最强音"新闻

1. 浏览报纸、网站。选择一份报纸（如《劳动报》《工人日报》《中国青年报》《浙江日报》等）或一个新闻网站（如人民网、新华网、劳动报网等），浏览一周的内容，关注新闻事件，略读各大媒体的新闻、人物通讯及其评论等，做到"家事国事天下事，事事关心"。

2. 以"劳动最强音"为主题，对自己选定的新闻稿深入研读。

（1）概括阅读。运用勾画圈点、评点批注、概括内容、提炼大纲等阅读策略。

（2）画图梳理。用图（倒金字塔结构）或表（思维导图）梳理新闻的主要内容、行文思路、结构等，便于与同学交流。

> **小贴士**
>
> 倒金字塔结构，是按照新闻价值的大小，即新闻事实的重要程度、新鲜程

度，以及读者感兴趣的程度等，依次将新闻事实写出的一种结构形式。由于这种结构格局前边重、后边轻，上头大、下头小，所以称之为"倒金字塔"。

● 小贴士 ●

思维导图，是表达发散性思维的有效图形思维工具，它运用图文并重的技巧，把各级主题的关系用相互隶属与相关的层级图表现出来，把主题关键词与图像、颜色等建立记忆链接。

活动三：我是"推优者"：我荐新闻中的"劳动最强音"

1. 根据表6-2，小组成员共同评辨各个组员的新闻分属于哪一类（消息、特写、通讯、评论），并根据初中和本单元学习的课文，确定每种新闻体裁各自的特点，以文体确定颁奖词聚焦的典型事件。

表6-2 新闻体裁

新闻体裁	基础知识	所学过的新闻
消息	标题、导语、主体；倒金字塔结构	《我三十万大军胜利南渡长江》《人民解放军百万大军横渡长江》
特写	事件特写和人物特写；一个片段、特写场面、镜头，文学笔法，描写（一种特写式的通讯）	《"飞天"凌空——跳水姑娘吕伟夺魁记》《一着惊海天——目击我国航母舰载战斗机首架次成功着舰》
通讯	人物通讯和事件通讯；个体或群体；通讯传记式；记叙、描写、抒情、议论	《喜看稻菽千重浪——记首届国家最高科技奖获得者袁隆平》《心有一团火，温暖众人心》《"探界者"钟扬》
评论	有限的篇幅；鲜明的观点；议论性、评论	《以工匠精神雕琢时代品质》

• 小贴士 •

　　新闻体裁，是指新闻报道作品的规范化的基本类别和样式。不同体裁新闻作品的区别在于表达新闻材料的手法、口吻和组织材料的结构不同。选择确定新闻体裁，必须根据受众的实际需求与新闻内容的要求而定。新闻体裁的分类多样，广义上，按表达的内容和方式等综合情况，可分为新闻报道类（如消息、通讯、特写、专访、调查报告、新闻公报等）、新闻评论类（如社论、评论员文章、述评、思想评论等）和新闻副刊类（如散文、杂文、诗歌、回忆录、报告文学等）。中国传统意义上的新闻体裁，一般分为消息、通讯、评论、摄影和漫画五类，也有将深度报道、特写和调查报告与上述并列，分为八类。

2. 推选"劳动最强音"。以六人小组为单位，把自己选定的一篇优秀新闻的链接或文档发到小组 QQ 群、微信群或钉钉群里，评选出本小组所选新闻的"劳动最强音"。

3. 小组合作讨论所荐选的新闻，概括此篇新闻的劳动事实和劳动观念，辨析把握"劳动最强音"新闻的报道立场。

• 小贴士 •

　　劳动观念，是指在劳动实践中逐渐形成的，对劳动、劳动者、劳动成果等方面的认知和总体看法，以及在此基础上形成的基本态度和情感。主要表现为：能尊重劳动、尊重普通劳动者，了解不同职业劳动者的辛苦与快乐，理解"三百六十行，行行出状元"的道理；能正确理解劳动对个人生活、家庭幸福、社会进步、国家富强和人类发展的意义，懂得劳动创造人、劳动创造财富、劳动创造美好生活的道理；崇尚劳动，牢固树立劳动最光荣、劳动最崇高、劳动最伟大、劳动最美丽的观念。

活动四：我是"评论员"：我选新闻中的"劳动最强音"

1. 制订出新闻中"劳动最强音"的颁奖标准。各小组讨论分列哪些项类，以及各项的先后次序。（小组拟定标准为试制标准，不是最终评定标准。）

参考项：

劳动精神内涵的概括：劳动美、中国梦，崇尚劳动，热爱劳动，辛勤劳动，诚实劳动；劳动是一切幸福的源泉。

劳模精神内涵的概括：爱岗敬业，争创一流，艰苦奋斗，勇于创新，淡泊名利，甘于奉献。

2. 根据《浙江省人民政府办公厅关于印发浙江省劳动模范评选管理办法（试行）的通知》的评选条件，小组修正评定标准。

> **小贴士**
>
> **《浙江省人民政府办公厅关于印发浙江省劳动模范评选管理办法（试行）的通知》**[1]
>
> 第五条　省劳动模范评选范围：在我省改革开放、经济建设和各项社会事业中做出突出贡献的中国籍工人、农民、机关事业单位工作人员、其他劳动者。
>
> 省模范集体评选范围：在各行各业的基层单位中做出特别贡献的企业、机关事业单位及社区委员会、村民委员会等社会组织。
>
> 第六条　省劳动模范的基本条件：
>
> （一）热爱祖国，拥护中国共产党的领导和社会主义制度，坚决贯彻执

---

[1] 浙江省人民政府办公厅.浙江省人民政府办公厅关于印发浙江省劳动模范评选管理办法（试行）的通知[EB/OL].（2014-02-20）[2024-03-15].https://www.zj.gov.cn/art/2014/2/20/art_1229017139_56979.html.

行党的基本路线和各项方针政策，模范遵守国家法律法规，践行社会主义核心价值体系和当代浙江人共同价值观；

（二）爱岗敬业、艰苦奋斗、勇于创新、服务人民、奉献社会，在群众中享有较高威信；

（三）在本职岗位上取得突出业绩，为社会主义经济建设、政治建设、文化建设、社会建设、生态文明建设和党的建设做出突出贡献。

……

第九条 省劳动模范的推荐评选，应按照公开、公平、公正的原则，面向经济建设、社会发展事业和基层第一线劳动者，兼顾各行各业。党政机关（含人民团体、群众团体）厅（局）级以上领导干部一般不参加评选，处级干部的推荐从严控制。

第十条 省劳动模范是时代精神的体现者，每次评选应根据不同时期的特点制订具有时代特色的具体评选条件。

第十一条 省劳动模范和省模范集体每五年评选一次。对成绩特别显著、贡献特别突出、影响特别重大的先进人物和集体，经省政府决定，可即时授予省劳动模范或省模范集体称号。

提示：党中央、国务院确定的推荐评选条件，具有先进性和代表性的特点。

一是具有很强的政治性和先进性。人选都经过各级党委和有关部门认定，基本上具有省部级表彰奖励的荣誉基础，并且近5年来特别是党的十九大以来创造了突出业绩，其中有200余人在脱贫攻坚领域作出了突出贡献，有358人享受国务院政府特殊津贴。

二是具有广泛的代表性和群众性。受表彰人员中，中共党员2 015名；民主党派和无党派人士158名；女性578人，占23.2%；少数民族226人，占

9.1%。人选基本涵盖各个领域和行业，尤其是来自基层一线的比例较高，其中一线工人和企业技术人员847人，占企业职工和其他劳动者的71.1%，比原定比例高出14.1个百分点；农民工216人，占农民人选的43.2%，比原定比例高出18.2个百分点；科教等专业技术人员、科级及以下干部661人。

3. 阅读教材第5课《以工匠精神雕琢时代品质》一文，小组合作撰写200字左右的"劳动最强音"颁奖词，并阐述推荐理由。

_____

_____

_____

_____

_____

_____

_____

_____

_____

_____

提示：由劳动者、记者、推荐理由组成（可以从导向正确、人物价值、典型事例、劳动品格等角度分析）。

融合成果

在班团课时，组织举办"劳动最强音"评选会，从公告发布、会场布置到现场组织，要求人人有任务、人人都参与。

活动提示：

1. 发布公告。

首届"劳动最强音"推荐会评选公告

亲爱的同学们：

　　在刚刚过去的一段时光里，哪些劳动者新闻给你留下了深刻的印象？哪些辛勤的劳动者让你倾注了对劳动的热爱之情？快来为喜爱的"劳动最强音"投票吧！

　　作品候选范围：六个小组推选的"劳动最强音"

　　投票时间：本周三（××月××日）第×节课后

　　投票方式：根据评选标准打星（可多选）

×××班委会
××××年××月××日

2. 推选主持人、颁奖人、评委小组，确定小组展示顺序。

_____
_____
_____
_____

提示：以流程图的形式确定顺序。

3. 小组精心准备图片、文字或短视频等素材向全班同学推荐本小组的"劳动最强音"。

_____
_____
_____

提示：以幻灯片和视频的形式配合解说。

4. 评委小组对所有小组的展示进行点评，评委给各小组投票（表6-3）。

表6-3 "劳动最强音"评价量表

劳动事例的模范性	优	良	中
劳动者的先进性			
劳动者的代表性			
劳动新闻传播覆盖面			
颁奖词的理由明确、条理清楚、语言简明			
颁奖人表达清晰流畅、声音响亮、仪态大方展示交流、重点突出			

5. 将录制的评选会视频加工后，在家长群及班级群展出。

第 7 课
最美好：建模美·应用美

第 7 课　最美好：建模美·应用美

融合引语

无论在日常生活还是在生产劳动中都会涉及数学，而数学建模则会使生活更精彩、劳动更有效。数学建模的过程，是把错综复杂的实际问题简化、抽象为合理的数学结构的过程。它是联系数学与实际问题的桥梁，是数学在各个领域广泛应用的媒介，是数学科学技术转化的主要途径。本课从高中数学必修的 5 个数学建模活动入手，从现实生活的真实需求出发，亲历情境、亲手操作、亲身体验，经历完整的劳动实践过程；通过设计、制作、试验、淬炼、探究等方式获得丰富的劳动体验，习得劳动知识与技能，感悟和体认劳动价值，培育劳动精神。

融合教材

《普通高中数学课程标准（2017 年版）》必修课程 5 个主题中的数学建模活动与数学探究活动，以及选择性必修课程 4 个主题中数学建模活动与数学探究活动，一共 10 个课时。

融合任务

借助数学知识解决劳动问题，通过劳动过程增强对数学的理解。通过售货员使用"彩绳""捆扎"礼盒的数学问题，让同学们了解简单的数学模型知识；而后举行"数学建模活动——劳动中的数学活动"，让同学们亲身体验数学建模的过程，掌握数学建模的基本技术，体验数学建模与生产劳动的关系。

融合活动

售货员工作中的数学:"彩绳""捆扎"礼盒

背景:商店里面的售货员需要用"彩绳"对礼盒做一个"捆扎",目前有两种较好的捆扎方式,既牢固又美观,需要选择一种,请问还可从什么角度来考虑?

图 7-1 礼盒(图片来源:视觉中国)

(注:长方体礼盒的高小于长、宽)

思考:如果只从体现经济节俭的角度,你会选择哪一种?

一、劳动智慧

请同学们当一回售货员,分小组尝试两种捆扎方式,探究哪种捆扎方式用绳更经济。在比较包扎用绳长短的操作和计算中需要注意什么问题?

活动:1. 测量两种捆扎方式的彩绳长度。

2. 数据记录在表 7-1 中。

表 7-1 不同捆扎方式的用绳长度

	十字包扎1	十字包扎2	十字包扎3	花式包扎1	花式包扎2	花式包扎3
用绳长度(cm)						

思考：

（1）为什么同一个人用相同的包扎方式也会有不同的用绳？

（提示：控制变量、误差分析）

（2）如表7-2所示，小明和小飞十字包扎方式用绳不同，且长度相差不多，谈谈为什么？

表7-2　小明和小飞采用不同捆扎方式的用绳长度统计

	十字包扎1	十字包扎2	十字包扎3	花式包扎1	花式包扎2	花式包扎3
小明用绳长度（cm）	40	39	39	31	33	34
小飞用绳长度（cm）	44	44	43	30	32	36

（提示：2个人的花结长度不同，需要忽略上面花结用绳长度，控制变量）

（3）如表7-2，关于花式包扎你有什么发现？

（提示：不同的花式包扎用绳差距大，需要考虑是否有最经济的方式，即最小值）

二、数学验证智慧

数学重要的还是推理演算证明。接下来我们用数学的方法来验证：对于任意的长方体盒子，花式包扎方式用绳更短。

直观图：动手画一画十字包扎和斜包扎的直观图。

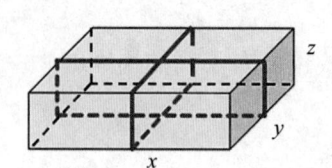

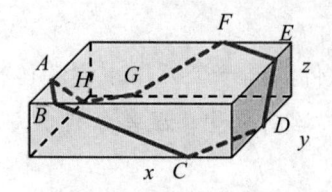

图 7-2　包装盒包扎方式示意图

目标式：$L_1=2x+2y+4z$　　　　　　$L_2=|AB|+|BC|+\cdots+|HA|$

三、温故知新　建立联系

回顾立体几何中线段和最小问题，你有什么经验？

数学思想：将复杂问题先简化，假设 A、C 是定点，请问点 B 在什么位置时，$|AB|+|BC|$ 取到最小值。

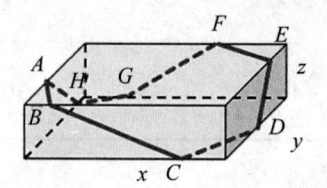

图 7-3　花式包扎示意图

（提示：立体问题平面化的思想方法的应用，将 2 个平面翻折到同一个平面）

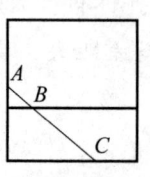

图 7-4　2 个平面翻折后示意图

劳动应用：求相邻两线段之和最短的方法，对求最短绳长 B 有何启发？借助上一题的经验，请将所有平面展开再探究用绳的长短关系。

若如右图展开，也可以根据两边之和大于第三边，来说明花式包扎更节省绳子。但是从前面的劳

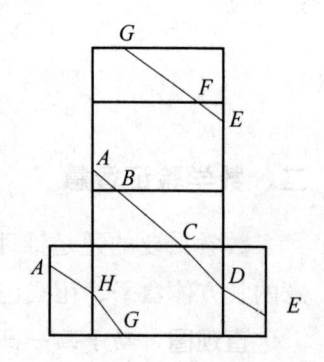

图 7-5　花式包扎展开示意图

动实践中可以看出，不同的花式包扎，用绳也不尽相同，能否求出花式包扎用绳的最小值？

解法优化：如何将三段折线段连在一起？（平移或者保证翻折时折线不断掉）

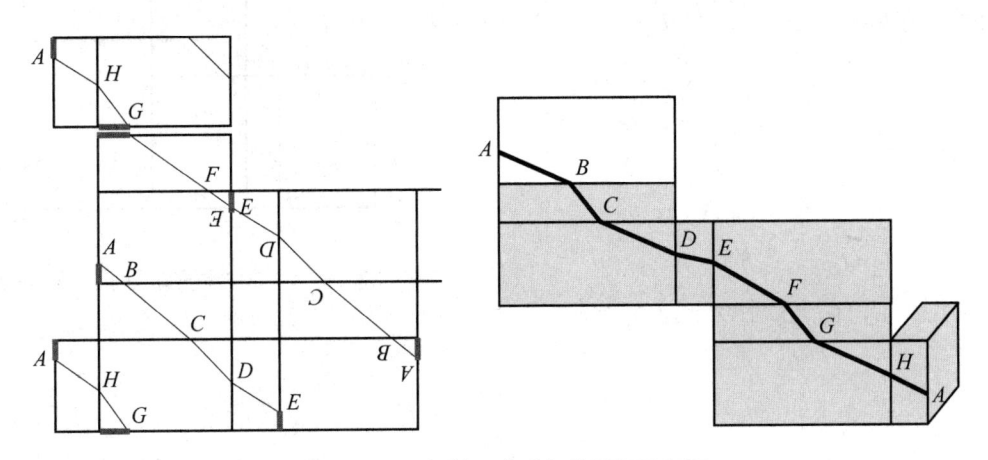

图 7-6　三段折线段花式包扎展开示意图

将长方体盒子平面展开，把问题转化为平面上的折线长度的比较，把"扎紧"的表述转化为两点间直线段，最后得出一般性的结论，可以认为达到数学建模水平二的要求。

$$L_2 = 折线\ |AA'| < |AP| + |A'P| = L_1$$

如果不考虑花结用绳，或者认为两种捆扎方法中花结的用绳长度相同，一个推理过程的范例可以表述如下：

设长方体点心盒子的长、宽、高分别为 x、y、z，依据十字捆扎方式，把彩绳的长度记作 L_1，因为长方体的每个面上的那一段绳都与相交的棱垂直，所以 $l=2x+2y+4z$。

依据花式的捆扎方式，可以想

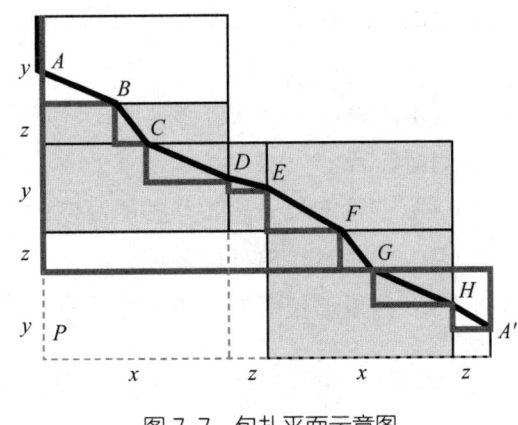

图 7-7　包扎平面示意图

象将长方体盒子展开在一个平面上,则彩绳的平面展开图是一条由 A 到 A' 的折线;在"扎紧"的情况下,彩绳的平面展开图是一条由 A' 到 A'' 的线段,记为 $A'A''$(如图 7-8 所示),这时用绳最短,绳长记作 L_2,则在 △$A'BA''$ 中,由三角形中两边之和大于第三边,得

$$L_2=|A'A''|<|A'B|+|A''B|$$
$$=2y+2z+2x+2z$$
$$=2x+2y+4z,$$

即 $L_2<L_1$,

因此,花式捆扎方式节省材料。

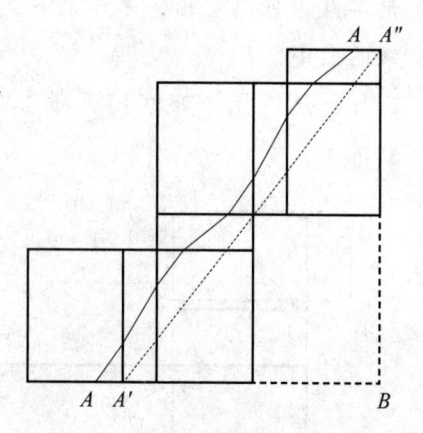

图 7-8 长方体盒子的平面展开示意图

融合成果

在全年级举行"数学建模活动——劳动中的数学活动",每位同学都当一回工程测量师。可以每 2—3 个学生组成一个测量小组,以小组为单位完成;个人填写测量课题报告表(表 7-3),一周后上交。最后评选出一、二、三等奖若干,并进行展示。

目的:运用所学知识解决实际测量高度的问题,体验数学建模活动的完整过程。

要求:通过分组、合作等形式,完成选题、开题、做题、结题四个环节。

测量任务:

(1)测量本校一座教学楼的高度;

(2)测量本校旗杆的高度;

(3)测量学校墙外一座不可及但在学校操场上可以看得见的物体的高度。

表7-3 测量课题报告表

项目名称：＿＿＿＿＿＿＿＿＿＿＿＿　　完成时间：＿＿＿＿＿＿＿＿＿＿＿＿

1. 成员与分工	
姓　名	分　工

2. 测量对象
　　例如，某小组选择的测量对象是：旗杆、教学楼、校外的××大厦。

3. 测量方法（请说明测量的原理、测量工具、创新点等）

4. 测量数据、计算过程和结果（可以另外附图或附页）

5. 研究结果（包括误差分析）

第 8 课

最美好：爱劳动·身心美

融合引语

在农耕时代，古人日出而作，日落而息。如今现代社会，我们将周一至周五称为工作日，实行 8 小时工作制度。由此可见，从古至今，劳动都是我们生活的一部分，占据了人生的大半时间。那么劳动除了可以创造财富之外，对我们自身有什么益处呢？各界的商业巨头尽管拥有了无尽财富，为何还不停歇地劳动呢？通过本节课的学习，我们将了解到，劳动除了可以带来物质财富，对于我们身心健康更是大有裨益。

融合教材

普通高中英语教科书选择性必修第三册第二单元 workbook（第 71—74 页）《My Experiences with Computer Games》《The Experiment》，人民教育出版社，2020 年 3 月第 1 版。这两个关于劳动的故事与我们的生活紧密相关，从反面说明了只贪图享乐、不劳动就会使我们的生活变得一团糟，同时带来一系列负面的影响，以此来证明劳动是生活的一部分，与我们的健康息息相关。

融合任务

作为高中生，我们在学校的生活被安排得井井有条，早睡早起、学习文化课程、参加体育活动等，来促使我们身心健康成长。尽管大部分时间在学校里度过，我们也仍享有一些假期，那么如何合理安排假期时间呢？假期是否意味着可以"躺平"呢？班级将举行"制作假期作息表"活动，请挑选三个活动参与其中，和同学一起完成如下任务。

融合活动

活动一：读劳动故事

1. 结合两篇课文，谈一谈不积极参与劳动会产生什么后果，尤其是对于身心健康会有什么负面影响。

_____

_____

_____

_____

_____

2. 你是否有相似的故事与经历？和同学们分享你的故事。

_____

_____

_____

_____

_____

活动二：赏劳动名言

> 1. Exercise is to the body what thinking is to the brain.
> 2. Work is the true source of human welfare.
> 3. Labour is often the father of pleasure.
> 4. Physical labor is to prevent the virus society great disinfectant.
> 5. Labor is all power, all moral and powerful source of happiness.

朗读上述名言，完成下列任务。

（1）谈谈你对这些劳动名言的理解。

_____

_____

（2）你是否同意以上观点？谈一谈你的观点。

_____

_____

_____

_____

活动三：辨社会现象

"996工作"（996 working system）是当前一些企业出现的一种现象。"996工作"是指早上9点上班、晚上9点下班，一周工作6天的工作方式。这一方式在某些互联网企业盛行。2021年，世界卫生组织和国际劳工组织发表了世界范围内首份关于过劳对健康影响的报告。研究人员分析了全球近200个国家的相关数据，发现过劳导致全球每年74.5万人死亡。长时间工作造成的疾病负担约占总疾病负担的三分之一，因此被确定为职业病负担最大的危险因素。

世卫组织环境、气候变化和健康部主任玛利亚说:"每周工作55小时或以上是严重的健康危害。是时候让我们所有人,包括政府、雇主和雇员意识到长时间工作会导致过早死亡这个事实了。"

网络化的年代,一部分年轻人在假期选择宅家放松、躺平（lie flat）。打游戏、玩手机、看剧,成为很多人的放松方式。他们在小小的出租房里,一日三餐都吃外卖,从早到晚皆是娱乐。可是这样的假期生活方式真的可以消除工作日带来的疲惫吗?

你怎么看待"996工作"以及"躺平"这两种社会现象?请用英语谈一谈。

_____
_____
_____
_____
_____
_____

活动四:谈劳动疗法

保持心理健康是现代人保持身体健康的必备条件,因而心理问题受到的关注度越来越高。书法和绘画是我国传统文化的瑰宝,据研究表明,书画疗法对于一些慢性病和抑郁、焦虑等患者有所帮助。书画疗法属于中国传统作业疗法,指通过书法练习和绘画改善精神和心理状态,抒发情感。

资料夹

书画疗法,是指通过练习、欣赏书法、绘画来达到治病目的的一种自然疗法。书画疗法的养生治病作用是多方面的，在舒心养性、畅情逸志、宁心安神、健脑益智、延年益寿等方面的功效十分显著，其对高血压病的防治十分有益。有学者报道，以血压为指标，将经常练习书画者与初学书画者进行对照观察，结果两组血压均有不同程度的下降，但经常练习书画者的降压程度明显优于初学书画者。至于书画疗法的降压机制，主要与书画疗法可以调节情绪、疏肝理气、平肝潜阳密切相关。当人们挥毫之时或潜心欣赏书画时，尘念会逐渐减少，杂念会逐渐排除，可达到"精神内守""恬淡虚无"，故而可以"形劳而不倦""心安而不惧"，从而使郁结的肝气得以疏解，上亢的肝阳得以下降，上升的血压得以降低。[1]

（节选自 NLP 研究院网）

根据以上资料，请用英语谈一谈书画疗法的好处和意义。

---

[1] NLP 研究院. 防治高血压病的书画疗法［EB/OL］.［2024-03-15］.http://m.nlp.cn/article/aid/64789/.

活动五：评假期作息

Our Day at Home

Time	Activity
6:00 am	
7:00 am	WAKE UP, BREAKFAST
8:00 am	CHORE TIME
9:00 am	ACADEMIC TIME
10:00 am	SNACK, OUTSIDE TIME
11:00 am	CREATIVE TIME
12:00 pm	LUNCH
1:00 pm	EDUCATIONAL VIDEO/APP*
2:00 pm	REST/READING/FREE TIME IN ROOM*
3:00 pm	SNACK
4:00 pm	OUTSIDE/PLAY TIME
5:00 pm	DINNER
6:00 pm	FAMILY TIME/BATHS
7:00 pm	FREE TIME IN ROOM*
8:00 pm	BEDTIME
9:00 pm	

Daily Schedule

Before 9:00 AM	Wake up!	Make your bed, eat breakfast, brush teeth, get dressed
9:00-10:00	Outdoor Time	Family walk or outdoor play
10:00-11:00	Academic Time	No Electronics! Reading, homework, study, puzzles, journal
11:00-12:00	Creative Time	Creative play, drawing, Legos, crafts, music, cooking, baking
12:00-12:30	LUNCH	
12:30-1:00	Home Chores	Clean rooms, put away toys, take out garbage, pet care
1:00-2:30	Quiet Time	Reading, nap, puzzles, yoga
2:30-4:00	Academic Time	Electronics OK! Educational games, online activities, virtual museum tours
4:00-5:00	Outdoor time	Family walk or outdoor play
5:00-6:00	Dinner time	Family dinner, help with clean-up and dishes
6:00-7:00	Bath time	Bath or shower
7:00-8:00	Reading/TV time	Relaxing before bedtime

图 8-1　两位同学的假期作息表

图 8-1 是两位同学的假期作息表，你觉得他们的活动安排合理吗？你更喜欢哪一张作息表的排版？并阐述你的理由。

_____

_____

_____

融合成果

在班团课时，组织举办"制作假期作息表"活动，要求人人都参与，制作符合个人生活习惯的假期作息表。

活动提示：

1. 分小组讨论假期作息表模板设计，如表格中需要哪些要素、表格大小等，要求做到简洁、清晰。

_____

_____

_____

2. 独立思考假期活动安排以及各项活动的时间分配。

_____

_____

_____

3. 根据讨论和独立思考的结果，制作假期作息表。

第 9 课

最美好：中国梦·航天梦

第 9 课　最美好：中国梦・航天梦

融合引语

　　九霄凌云再问天，阔步共筑中国梦。新时代的航天梦是中国梦的重要组成部分。2022 年中国空间站将完成在轨建造任务，探月工程四期、小行星探测重大任务正式启动工程研制。中国航天将坚持面向世界航天发展前沿、面向国家航天重大战略需求，陆续发射嫦娥六号、嫦娥七号、嫦娥八号探测器，开展任务关键技术攻关和国际月球科研站建设。航天点亮梦想，我们可以预见，这些航天探索必将为加快实现中华民族伟大复兴的中国梦奠定更加坚实的基础。

　　在航天这条全年无休的战线上，有一大批科技工作者，他们埋头苦干、坚守岗位，在平凡岗位上续写不平凡的故事。载人、探月、探火、空间站等，航天人的假期永远与科技攻关紧密联系，正是他们的辛勤付出，才换来了中国航天一个又一个的奇迹。时间改变容颜，但未曾改变航天人那颗为国奉献、矢志航天的赤诚初心。擦亮"中国箭"，守护"中国星"。

　　梦想在九天之上，征途在星辰大海。本节课，让我们一起了解火箭原理，配合完成"水火箭"的组件安装，并成功"发射"，以此来致敬航天人，致敬每一位尽忠职守的普通劳动者。

融合教材

　　《反冲现象　火箭》是普通高中物理教科书选择性必修第一册第一章"动量守恒定律"主题下第 6 节的内容（第 24—27 页），人民教育出版社，2020 年 5 月第 1 版。课程标准要求为：知道火箭的发射利用了反冲现象。反冲运动在生产、生活、航天、国防有广泛应用，制作水火箭，能够有效使学生在了解反冲现象的同时发展动手实践能力。本节内容既能巩固深化动量守恒定律，又与科技兴国战略相适应，对培养学生的科技意识和学科素养尤为重要。教材首先通过思考与讨论章鱼、乌贼游泳时应用了什么物理原理引入新课，得到反冲运动的定律。然后列举生产、生活中的反冲运动现象，着重介绍我国火箭技术的发展，激发学生的爱国热情；运用火箭喷射燃气研究反冲运动遵循的规律，将反冲运动生活化、实际化。

融合任务

了解中国航天发展史，致敬中国航天精神；了解火箭发射的原理，动手制作水火箭；成功发射水火箭。

融合活动

活动一：关注时事，致敬航天劳模和航天精神

时事1： 在2022年五一国际劳动节到来之际，中华全国总工会发布关于表彰2022年全国五一劳动奖和全国工人先锋号的决定，引领劳动光荣的社会风尚和精益求精的敬业风气。我国首次火星探测任务总设计师张荣桥同志荣获"全国五一劳动奖章"。

时事2： 弘扬航天精神。

经过几代航天人的接续奋斗，中国航天事业已经积淀了深厚博大的航天精神："两弹一星"精神、探月精神、新时代北斗精神、载人航天精神、航天测控精神……

阅读上述两则时事，请谈谈你心目中的航天英雄和航天精神，并记录在下面的横线上。

_____

_____

_____

_____

_____

_____

活动二：介绍火箭发展的历史，了解现代火箭原理

1. 了解我国火箭的发展历史，同学之间交流分享自己知道的关于火箭的历史故事。

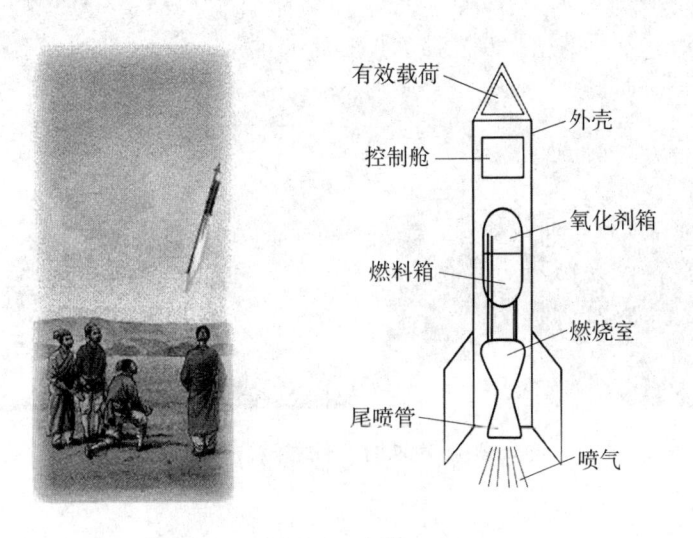

图 9-1 火箭

2. 从"东方红一号"成功发射，到嫦娥探月、天问问天、神舟逐梦，中国航天人从未停止对宇宙的探索。让我们一起了解中国航天事业的发展史，了解"中国航天日"的由来，共同记载中国的航天发展历程中的大事记。

活动三：观看火箭发射，感受航天魅力

观看火箭发射现场实录，了解火箭运动的过程，对火箭发射建立更全面更真实的认识。

图 9-2　火箭发射（图片来源：视觉中国）

活动四：物理建模，探究"劳动价值"

1. 定性探究，理解火箭发射原理。

把一个气球吹起来，用手捏住气球的通气口，然后突然放开，让气体喷出，观察气球的运动；改变气球内气体的质量，再让气体喷出，比较前后两次气球的运动。

图 9-3 手捏气球

2. 回顾火箭发射的过程，通过问题链，建立火箭发射的简化物理模型。

播放火箭发射视频，提出问题：

问题1：火箭的重力和空气阻力能忽略吗？

问题2：系统的动量守恒吗？

问题3：气体连续喷出，如何转化为质点问题？

问题4：极短时间，重力和阻力的作用能否忽略？为什么？火箭和气体系统动量守恒吗？

图 9-4 火箭发射

3. 建立火箭发射模型。将动量守恒定律运用于火箭发射情境，深化对动量守恒定律的理解。

火箭（不包括气体）质量为 m，以速度 v 匀速运动；忽略重力和阻力作用，认为火箭和喷出的气体系统动量守恒。

u 是气体相对于火箭速度，由燃料和火箭发动

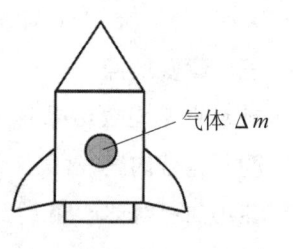

图 9-5 火箭发射模型

87

机决定，是一个定值，为已知量。

问题1：如何求喷气后火箭速度变化量 Δv？

问题2：以地面为参考系，喷气后火箭的速度是多大？

问题3：如果你来设计一个火箭，你有什么样的建议？

融合成果

同学们，看到我国航天事业跨时代发展，你是否充满了民族自豪感？想不想到神秘的宇宙中去一探究竟？今天我们一起来当一次航天科技工作者，利用我们学到的物理知识，制作一个水火箭吧！在适当的时候，我校将举行"水火箭竞赛活动"，同学们可以利用周末、课余时间自制水火箭，在比赛当天评委根据水火箭飞行时长、外观结构设计对各组进行评分。赛后，请同学们撰写制作和活动报告，简要说明在活动过程中遇到的问题和解决的方法，当一回"丽中航天人"。

丽水中学"水火箭"竞赛活动方案

一、竞赛对象

高一、高二年级学生

二、竞赛时间

××月××日（周×）下午第四节（如遇雨天顺延）

三、竞赛地点

丽水中学塑胶运动场

四、竞赛内容

各小组根据水火箭的原理，利用环保材料，自制外观精美、性能强大的水火箭，调试好并在指定地点发射，火箭发射升空到落地，测量火箭在空中的时间。

五、参赛注意事项

1. 各班以 3—5 位同学组成参赛小组（每班限两个小组参赛），参赛小组独立完成水火箭的制作、调试，并在比赛中完成火箭的发射升空演示。

2. 火箭设计及发射实践的目标：水火箭的设计有创意，外观精美，可以发射及尽可能运行稳定，且运行的射程高。

3. 比赛顺序按班级顺序进行。

4. 安全事项：在火箭的制作和调试过程中要有发射架，并且要保证个人及他人的生命财产安全。

5. 比赛火箭上要有明确的班级标识（用油性笔或用其他方法标记）。

6. 报名时间：××月××日前（周×），以班为单位，高一年级在××物理老师办公室报到，高二年级在××物理老师办公室报到。

六、评分细则

1. 火箭飞行的时间：水火箭由发射到落地的时间。按时间长短依次排名。

2. 最佳结构设计：根据水火箭外观的创意、技巧、美感等评选标准，由评委进行评分，自制设备的分数优于网购设备的分数。

3. 最后总分比例如下：飞行时间占 70%；外观设计（包括发射架）占 30%。

七、比赛规则

1. 水火箭须在比赛前完成，火箭材料仅限于塑料瓶、水、纸、布等材料。

2. 自备打气筒和发射架。

3. 各参赛组分别有两次发射机会，成绩以两次中最好一次为准。

4. 参赛作品只能以水做推动力，不得在作品上加上能提供动力的元件。

5. 如果在打气过程中瓶子爆裂破损，参赛者将取消本次参赛资格。

6. 如火箭在空中解体，以任意部分最先到达地面的时间为准。

7. 比赛评比分年级进行，一等奖为总数的 1/6，二等奖为总数的 1/3，其余为三等奖。

第 10 课

最美好：中国梦·能源梦

融合引语

"十三五"以来,中国相继出台了《国家创新驱动发展战略纲要》《"十三五"国家科技创新规划》《能源技术革命创新行动计划(2016—2030年)》等多项政策措施,加快自主技术创新及产业化的导向清晰明确,推动氢能产业快速发展。截至2020年底,我国超过50个地方政府发布了氢能发展相关的规划、实施方案、行动计划等,规划加氢站数量超千座、燃料电池车数量达几十万辆,产值规模达万亿。

通过政策与行业的双重加持,燃料电池电堆及系统加速国产化、成本快速下降、性能水平大幅提升,并向高功率、高集成、低成本方向发展。

融合教材

《制作简单的燃料电池》是人民教育出版社普通高中化学教科书(2019年版)选择性必修一《化学反应原理》第四章"化学反应与电能"实验活动5(第119页)。课程标准要求为:了解化学电池的发展历史与新型电池的开发,制作一个简易的燃料电池。

融合任务

了解中国各类新型电池(太阳能电池、锂电池、燃料电池等)的发展史,了解燃料电池的原理,动手制作简易的燃料电池。

融合活动

活动一：关注时事，了解燃料电池前沿技术

时事1：中国氢燃料电池的一大突破。

香港科技大学化学与生物工程系邵敏华教授领导的科研团队研发出一种新的氢燃料电池。他们设计了一种由原子分散的 Pt 和 Fe 单原子和 Pt-Fe 合金纳米粒子组成的混合电催化剂。其 Pt 质量活性是燃料电池中商业 Pt/C 的 3.7 倍。更重要的是，阴极中 Pt 负载量低的燃料电池（0.015 mg Pt/cm^2）依然具有出色的耐久性，在 100 000 次循环后还可以保持 97% 的活性，并且在 0.6 V 下超过 200 小时没有出现明显的电流下降。此外，他们这种设计不仅减少了 80% 的铂金投入，而且在电池的耐久性方面也创下了历史最高纪录。据称，这不仅是迄今为止世界上最耐用的氢电池，而且更具有成本效益，为全球更广泛地应用绿色能源铺平了道路。相关研究成果已通过题为《用于耐用质子交换膜燃料电池的原子分散 Pt 和 Fe 位点以及 Pt-Fe 纳米颗粒》的报告发表于《自然催化》杂志上。[①]

时事2：氢进万家，先进企业和政策共同推动氢燃料电池发展。

2021 年 4 月 16 日，国家燃料电池技术创新中心在济南正式揭牌，标志着该中心正式进入了试运营阶段。在科技部、山东省政府和各地市的全力支持下，成立了山东国创燃料电池技术创新中心有限公司。作为运营主体，实施独立法人运营的国家燃料电池技术创新中心，聚集了大批优秀人才，现有中高端科技人才 200 余人，完善了研发组织构架和管理流程，积极探讨实践独具特色的创新运营模式。经过一年多的试运营，在多方力量的协同攻关下，依托科技部"氢进万家"科技示范工程，成功开发了 15—200 kW 系列化氢燃料电池发动机，形成了"黄河"雪蜡车、氢能热电联供、高速加氢站、氢能港口建设、氢燃料电池客运船等一系列转化成果。目前，国家燃料电池技术创新中心已具备正式挂牌运营条件。2022 年 8 月 27 日，国家燃料电池技术创新中心挂牌暨

[①] IT 之家. 中国氢燃料电池的一大突破：港科大科学家研发出最耐用配方，成本大减且性能不变 [EB/OL]. (2022-08-01) [2024-03-15]. https://baijiahao.baidu.com/s?id=1739970788336846 9201&wfr=spider&for=pc.

潍柴 200 辆氢燃料电池商用车交接仪式在潍柴举行。这标志着我国在燃料电池技术创新平台建设、氢能大规模示范应用领域取得又一突破性进展。[1]

结合时事和发展历程，谈谈你认识的氢燃料电池的现状与发展前景。

_____

_____

_____

_____

活动二：介绍燃料电池的历史，了解氢燃料电池

观看我国燃料电池的发展历史，同学们交流分享自己知道的关于电池开发的历史故事，了解燃料电池的前世今生。

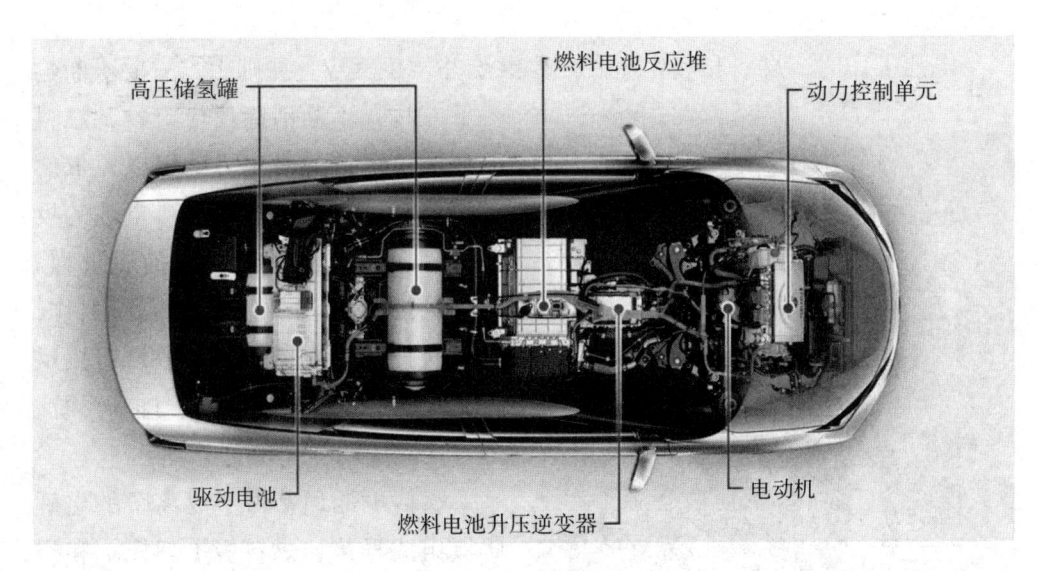

图 10-1　燃料电池

---

[1] 金融界.国家燃料电池技术创新中心挂牌潍坊新投入运营 200 辆潍柴氢燃料电池商用车交接［EB/OL］.（2022-08-27）［2024-03-15］.https://baijiahao.baidu.com/s?id=1742292650489190986&wfr=spider&for=pc.

活动三：选择合适的原理和材料，设计一个氢氧燃料电池

燃料电池是一种将燃料的化学能直接转化为电能的发电装置。燃料电池的原理是电化学装置，其组成与一般电池相同——单体电池由正负极（负极为燃料极，正极为氧化剂极）和电解质组成。不同的是，一般电池的活性物质都储存在电池内部，因此电池容量是有限的。燃料电池的正负极本身不含活性物质，只是一种催化转化元件。

燃料电池的电极是燃料发生氧化反应与氧化剂发生还原反应的电化学反应场所，其性能的好坏关键在于电极的材料、触媒的性能与电极的制程等。电极主要可分为阳极和阴极两部分；其结构与一般电池之平板电极的不同之处，在于燃料电池的电极为多孔结构，设计成多孔结构的主要原因是燃料电池所使用的燃料及氧化剂大多为气体（如氧气、氢气等），而气体在电解质中的溶解度并不高，为了提高燃料电池的实际工作电流密度与降低极化作用，故发展出多孔结构的电极，以增加参与反应的电极表面积，这也是燃料电池当初之所以能从理论研究阶段步入实用化阶段的重要且关键原因之一。

电池工作时，燃料和氧化剂由外界供给并发生反应。原则上，只要不断输入反应物，不断消除反应产物，燃料电池就可以持续发电。这里以氢氧燃料电池为例，说明氢氧燃料电池的反应原理。该反应是电解水的逆过程。另外，燃料电池本体不能单独工作，必须有一套相应的辅助系统，包括反应物供应系统、排热系统、排水系统、电气性能控制系统和安全装置等。

燃料电池通常由形成离子的电解质板组成导体，燃料极（阳极）和空气极（阴极）布置在两侧，气体流道在两侧。燃料电池实验排气的目是为了使燃料气体和空气（氧化剂气体）

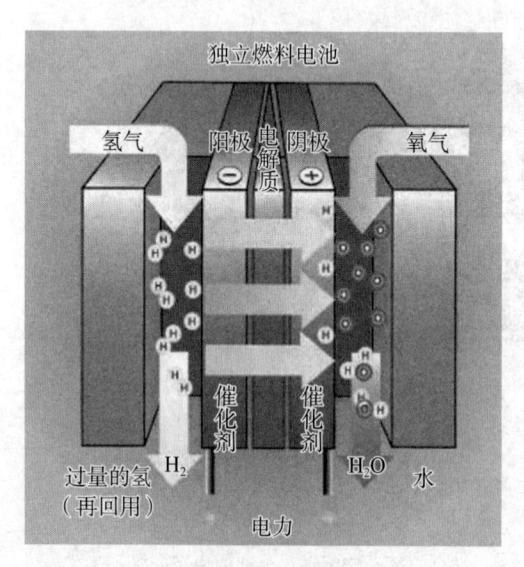

图10-2 燃料电池

能在流道内通过。

电极反应为：负极：$H_2 - 2e^- = 2H^+$

正极：$O_2 - 4e^- + 4H^+ = 2H_2O$

活动四：化学实验实践，凸显"劳动价值"

根据选择的原理和材料，制作简易的燃料电池。图 10-1 为本章融合教材第 119 页实验图示，供参考。

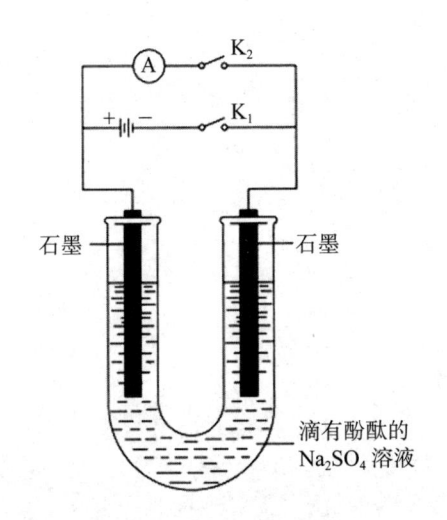

图 10-3　电解水及形成燃料电池示意图

融合成果

1. 简易燃料电池展示：利用小灯泡、发光二极管等小型用电器检测电池的性能（放电时间、电流稳定性、放电强度等）。

2. 查阅资料，思考如何将自己设计的燃料电池运用到实际生活中，还需要什么设备以及如何增强稳定性、安全性和燃料利用率。

3. 拓展思考：了解现在流行的其他类型的新型电池后，思考其还存在的问题及改进方案。

第 11 课

最美好：生命力·自然美

融合引语

你知道生物圈 2 号吗？生物圈是一个需要源源不断接受太阳能，但是物质上却可以实现自给自足的生态系统，总而言之，它是地球上生物及其生存环境的总称。人类对自身赖以生存的地球总是充满好奇，因此在 1991—1993 年间，生态学家们模拟地球创造了生物圈 2 号。你是否也可以尝试创造一个小小生态系统呢？

融合教材

浙江科学技术出版社《高中生物》选择性必修二（第 87 页活动部分）《设计并制作生态瓶，观察其稳定性》。

融合任务

请选择 2—3 人成组，共同完成以下任务：
（1）小组合作设计并制作生态瓶，轮流进行展示，分享设计思路。
（2）设计表格记录生态瓶活力状态（角度：各生物成分变化、生态瓶水质变化）。
（3）评选生态瓶保持时长最久小组，分享经验。

融合活动

1. 选择生态系统类型：陆生生态瓶（图 11-1）、水生生态瓶（图 11-2）。

图 11-1 陆生生态瓶（标注：植物、苔藓、土壤层、水苔层、轻石层）

图 11-2 水生生态瓶（图片由作者提供）

2. 生态瓶设计要求（以水生生态瓶为例）。

表 11-1

设计要求	相关分析
生态缸一般是封闭的	防止外界生物或非生物因素的干扰
生态缸中投放的几种生物必须具有很强的生活力，成分齐全	生态缸中能够进行物质循环和能量流动，在一定时期内保持稳定
生态缸的材料必须透明	为光合作用提供光能；保持生态缸内温度；便于观察
生态缸宜小不宜大，缸中的水量应适宜，要留出一定的空间	便于操作；缸内储备一定量的空气
生态缸的采光用较强的散射光	防止水温过高导致水生植物死亡

3. 生态瓶制作（以水生生态瓶为例）。

（1）材料准备。

设计生态瓶中各种成分及其比例，填入表11-2。

表11-2　设计生态瓶材料表

材　料	数　量
……	……

参考例子：

表11-3　设计生态瓶材料表参考

材　料	数　量
水草泥	足量
水草	适量
小鱼	4条
虾	2只
螺	2只

（2）制作流程——参考建议。

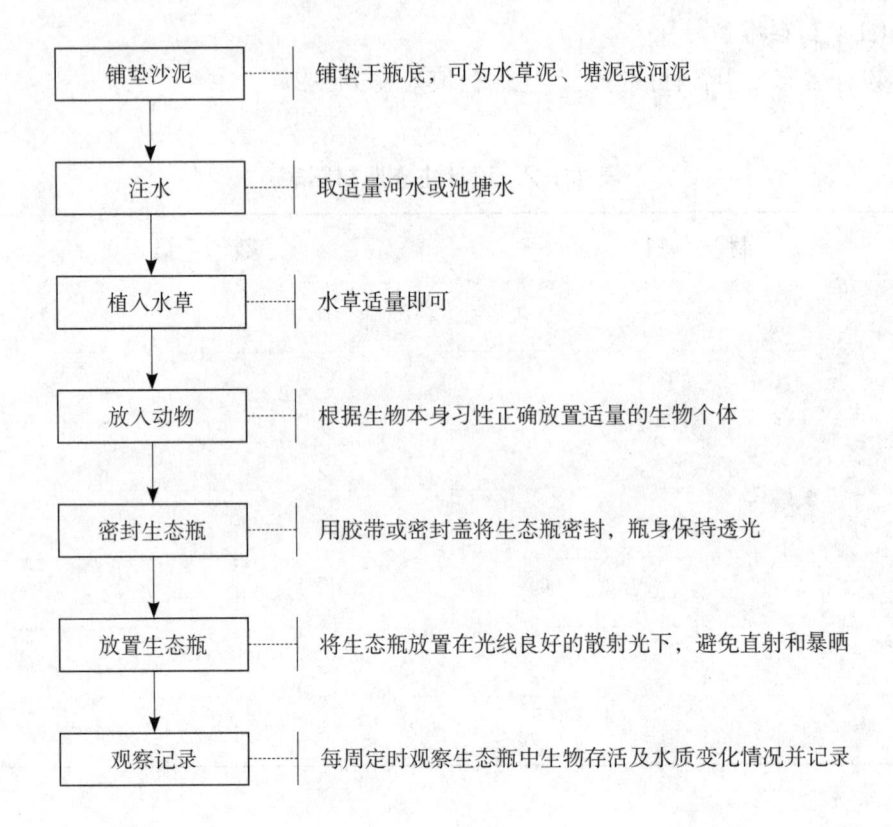

```
铺垫沙泥 ┄┄ 铺垫于瓶底，可为水草泥、塘泥或河泥
   ↓
  注水  ┄┄ 取适量河水或池塘水
   ↓
 植入水草 ┄┄ 水草适量即可
   ↓
 放入动物 ┄┄ 根据生物本身习性正确放置适量的生物个体
   ↓
密封生态瓶 ┄┄ 用胶带或密封盖将生态瓶密封，瓶身保持透光
   ↓
放置生态瓶 ┄┄ 将生态瓶放置在光线良好的散射光下，避免直射和暴晒
   ↓
 观察记录 ┄┄ 每周定时观察生态瓶中生物存活及水质变化情况并记录
```

（3）具体流程图。

步骤：

准备基底　　种水草　　加鱼　　加虾　　密封

图 11-3　生态瓶制作流程图（图片由作者提供）

状态：

① ② ③ ④ ⑤

图 11-4 生态瓶状态变化（图片由作者提供）

4. 生态瓶中各个成分组成及关系。

（1）写出生态瓶的具体组成成分。

生产者：_____

消费者：_____

分解者：_____

非生物物质和能量：_____

（2）参考下图绘制生态瓶各组分关系图。

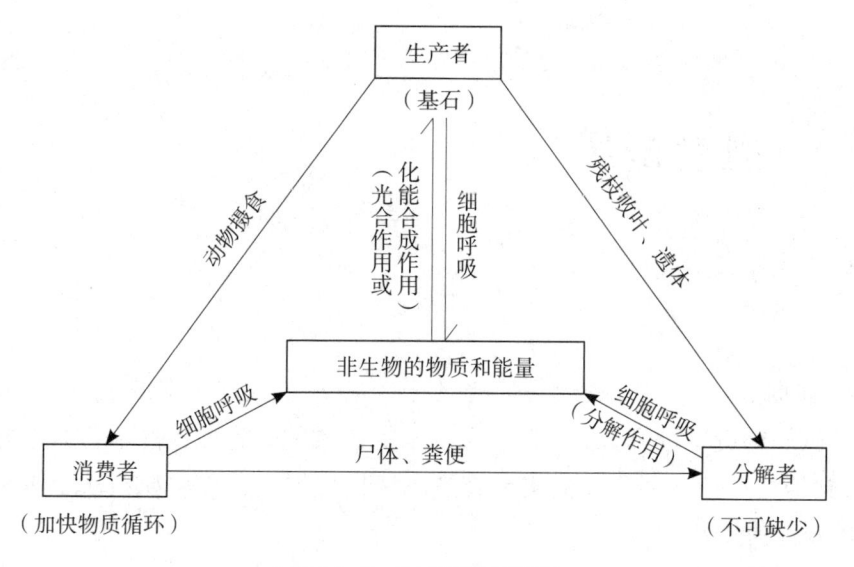

图 11-5 生态系统结构图

105

5. 生态瓶活力记录表。

请将生态瓶中的各个成分组变化记录在表11-4中。

表11-4　生态瓶成分组变化记录表

观察时间	植物的情况	动物的情况	水的情况	其他情况
……	……	……	……	……

融合成果

1. 生态瓶展示。

2. 根据2013年浙江省水利普查公报，浙江省人均水资源量只有1760立方米，已经逼近了世界公认1700立方米的警戒线。为此，丽水各县市开展了"五水共治"行动，假如你的家乡有条小溪情况堪忧，你将如何从生态系统角度给出治理建议？

请以信件的形式给丽水市水利局写一写自己的想法。

第 12 课

最美好：耕耘忙·国基稳

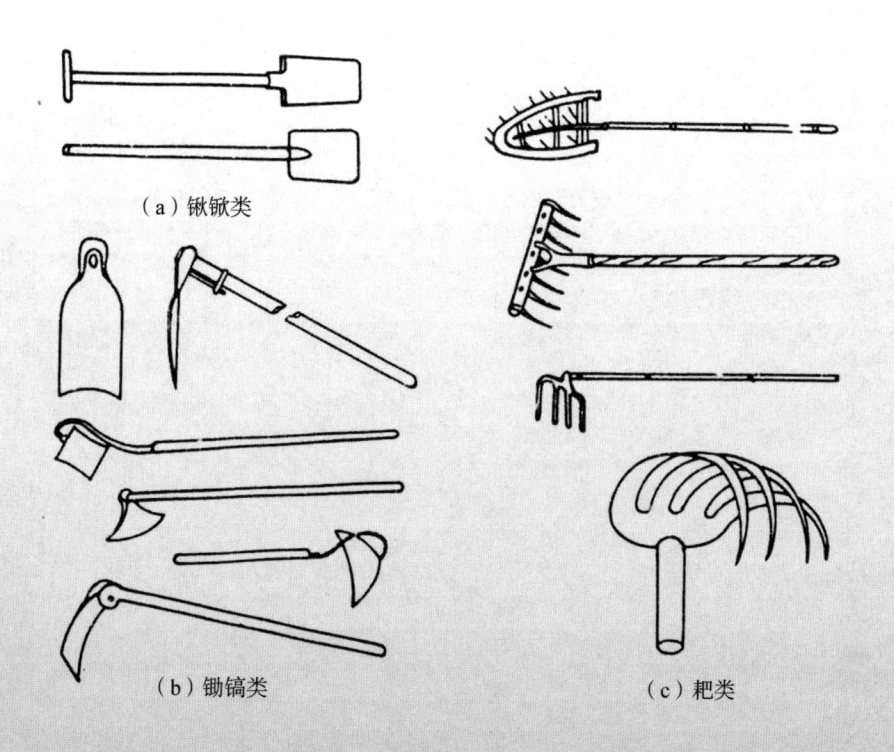

(a) 锹锨类

(b) 锄镐类

(c) 耙类

第12课　最美好：耕耘忙·国基稳

融合引语

为保障国家粮食安全，新修订的《中华人民共和国土地管理法实施条例》强调严防耕地"非农化""非粮化"，筑牢粮食产量的安全防线。国以民为本，民以粮为基。自古以来就是农业大国的中国，将农业视为国家发展的基石。

古代人民扎根田地，在实践中创新发明了耕作工具，使中国在较长时间中领先于世界。劳动人民发明了什么工具？它们在耕耘中起到什么作用呢？伴随着近代化的发展，劳动人民又进行了什么改良发明呢？我们将展开以耕作工具演变为主题的剧本创作，用戏剧展演表达对劳动人民的赞美。

融合教材

统编普通高中历史教科书《中外历史纲要（上）》第一、二、三单元中关于农业经济部分，人民教育出版社，2020年7月第1版。

统编普通高中历史教科书选择性必修二第4、6课相关内容，人民教育出版社，2020年7月第1版。

融合任务

班级将举行"春耕秋收·我为耕作工具代言"剧本创作活动，请挑选一个你最感兴趣的耕作工具进行深入了解，自由组队后完成如下任务。

109

融合活动

1. 通过采访、实地调查等多种方式，了解耕作的环节及其相对应的非机械化生产工具。（请用照片或视频记录调查过程与成果）

2. 选择一项感兴趣的耕作工具，了解该工具的发展演变历程。

3. 在演变历程中，截取你认为意义重大的阶段，了解该工具的发明、改进的背景、过程，以小组为单位对它进行评价。

4. 依据对工具的了解，以该工具为基础共同写出一个剧本。

5. 将剧本按照打分表进行评分，选出最后的胜出者。

活动一：环环相扣·探寻耕作的过程

相信你在调查之后，已经对耕作活动有了一定的了解。请你完成以下活动。

第 12 课　最美好：耕耘忙·国基稳

1. 根据了解到的内容，将图片与耕作环节对应，并写出对应的使用工具。

图 12-1	图 12-2	图 12-3
环节 1	环节 2	环节 3
工　具	工　具	工　具
图 12-4	图 12-5	图 12-6
环节 4	环节 5	环节 6
工　具	工　具	工　具

2. 你是如何进行采访的？经过采访你对农业活动有什么新认识或感悟？

采访对象：_____

采访过程：_____

_____

认识 / 感悟：_____

_____

_____

111

3. 在与同学们交流后，邀请四位同学分享他们所获得的感悟。

（要求：使用多媒体展示调查过程、耕作流程与感悟体会，需要重点讲述其中一项劳作工具的使用方法）

活动二：层层揭秘·挖掘工具的前世今生

1. 请选择你最感兴趣的一种耕作工具，研究该工具的构成及其使用原理。以感兴趣的工具为依据组成小组，成员不超过六人。

（提示：可以附上图片，在图片中标注）

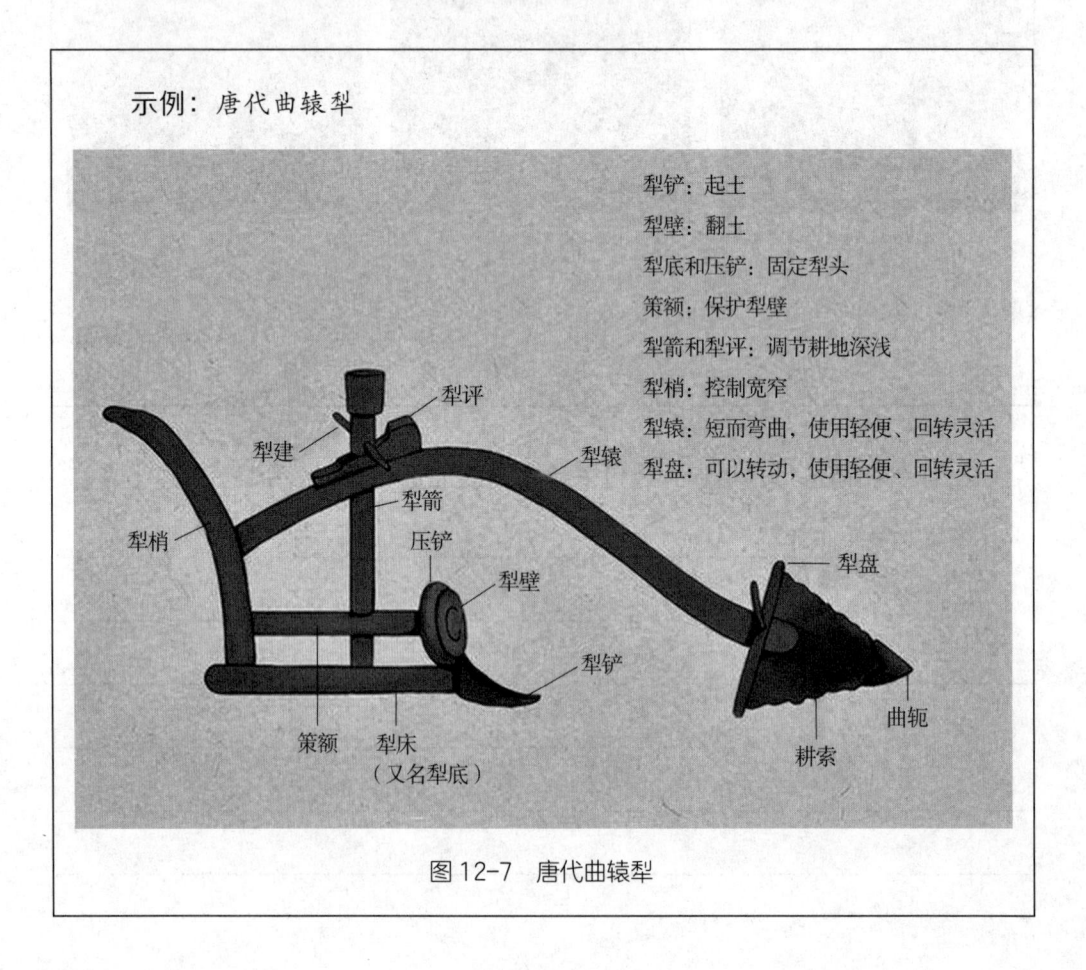

示例：唐代曲辕犁

犁铲：起土
犁壁：翻土
犁底和压铲：固定犁头
策额：保护犁壁
犁箭和犁评：调节耕地深浅
犁梢：控制宽窄
犁辕：短而弯曲，使用轻便、回转灵活
犁盘：可以转动，使用轻便、回转灵活

图 12-7 唐代曲辕犁

工具：

2. 多渠道认识耕作工具。通过参观博物馆（如中国农业博物馆），观看农业纪录片（如 CCTV 纪录片《第一犁》），浏览网站（如中国农业信息网等）等方式，梳理该工具创造改良的过程，用思维导图整理该工具的演变历程、改良的原因及所带来的影响。

3. 寻找创造小故事。在工具演变历程中，具体了解一个让你印象深刻的阶段，概括工具创造中的小故事，并将其写下来。

活动三：剧本创作·农耕工具我来说

1. 依据工具产生过程中的小故事，深入挖掘故事线索，以"耕耘忙·国基稳"为主题，按照剧本大纲创作要求完成大纲的初步撰写。

_____

_____

_____

_____

> **小贴士**
>
> 剧本大纲是编剧在创作前经过缜密思考对剧本各组成部分所做的蓝图设计。它具有较完整的艺术构思，是未来剧本的基础。剧本大纲一般要求做到：
>
> 1. 对故事发生的时代背景、社会环境、时间地点等做出明确规定。
>
> 2. 对主要人物的思想脉络、性格特征、行为动作贯串线有较清晰的考虑，以求在整体的艺术结构中展现人物之间的相互关系和矛盾冲突。
>
> 3. 有一系列连贯事件组成的情节及情节变化过程中提出的悬念。
>
> 4. 对于全剧结构的疏密相间、起伏跌宕做出有节奏、有层次的统一完整的布局，从而有助于主题思想的体现。
>
> 不同的电影编剧对写作剧本大纲有不同的习惯，有的较为粗略，有的较为详尽。某些写得极为细致的大纲已具有一个剧本的雏形。剧本大纲可供编剧和导演或制片厂在研讨剧本构思时用，取得一致意见后，再进入剧本的写作。

2. 评剧本，定主题。

3. 在剧本大纲的基础之上，与组员共同商定剧本内容，完善剧本细节。

> **小贴士**
>
> ### 剧 本 格 式
>
> 场号　场景　时间　内外
>
> （场景描述尽量凸显画面感）
>
> △场景描写
>
> ☆人物动作描写
>
> 角色名（小动作，什么表情）：对白内容，说了什么话。
>
> 注：并非每一句对白都需要小动作，只在需要的时候添加。
>
> 如：场号　场景　时间　内外
>
> 001　麦田　日　外
>
> △微风吹过望不到边际的麦田，麦浪翻滚。
>
> ☆张三坐在麦田边，慢慢摸着身边的小狗。
>
> 张三：（望着远方，喃喃自语）十年了，我终于实现了大学时定下的目标。

融合成果

在班团课中，进行"春耕秋收·我为耕作工具代言"的剧本评选大赛，要求每位同学都参与评选，严格按照打分表进行打分。

活动提示：

1. 发布公告。

"春耕秋收·我为耕作工具代言"的剧本评选大赛公告

亲爱的同学们：

　　社会的发展与农耕文化息息相关，开荒、播种、施肥、除草、收获，耕作工具的进步带来了产量的增加，人类的发展离不开农业的进步。今天，让我们阅读剧本、观看表演，选出你最喜爱的剧本！

　　作品候选范围：各小组创作的剧本

　　投票时间：本周二（××月××日）第×节课后

　　投票方式：根据评选标准打分

×××班委会
××××年××月××日

2. 提取剧本中最能体现"耕耘忙、劳动美"的一幕进行展示，并在表演后用PPT阐述创作理念。

_____

_____

_____

3. 每位同学对各小组剧本进行评分（表12-1），以小组为单位将评分汇总，得分最高的剧本即为本小组推选的剧本。对本小组推选的剧本进行点评。

表12-1　剧本评选标准

	具 体 要 求	分数	总分
故事 （Plot）	情节/故事主线明确（10分）		
	故事的流畅性和节奏控制（10分）		

续 表

	具 体 要 求	分数	总分
人物 （Characters）	主角有明确的追求和目标（10分）		
	主角随着故事发展有明显变化（10分）		
	角色有丰富完整的背景故事（5分）		
台词 （Lines）	台词符合人物个性（5分）		
	台词对剧情有推动（5分）		
	台词符合年代性和逻辑性（5分）		
结构 （Structure）	故事有明确的伏笔（5分）		
	激励事件为故事提供了足够驱动力（10分）		
	有明显的起承转合（5分）		
主题 （Theme）	能带来深刻思考（10分）		
	价值观有明确性和普遍性（10分）		

点评：_____

_____

_____

4. 胜出小组在班会课上进行表演，并推至学校的元旦汇演。

第 13 课
最美好：生活美·劳动创

图片来源：丽水中学

第 13 课　最美好：生活美·劳动创

💡 融合引语

　　如果说劳动为更多人提供优质的产品和服务，是在"做大蛋糕"，那么辛勤做蛋糕的劳动人民便是我们应感恩的对象，他们不求回报、默默耕耘、勤勤恳恳的精神更值得我们学习。

　　生活当中有许多值得我们称赞的劳动楷模，要成为像他们一样优秀的劳动人民则需要科学正确的理论作为行动指南。思想政治学科当中也涉及弘扬劳动人民、劳动精神的积极内容，值得同学们仔细研读、踏实躬行。

融合教材

　　统编普通高中思想政治学科教科书必修二《经济与社会》第四课（第47页）《我国的个人收入分配与社会保障》，人民教育出版社，2020年7月第2版。

　　统编普通高中思想政治学科教科书必修四《哲学与文化》第五课（第65—67页）《社会历史的主体》，人民教育出版社，2019年12月第1版。

　　《我国的个人收入分配与社会保障》一课，从劳动人民"做大蛋糕"分析劳动人民创造了丰硕的劳动成果，由此弘扬劳动人民的伟大劳动精神，塑造尊重劳动、崇尚劳动的社会氛围。《社会历史的主体》一课，则从马克思主义唯物史观出发，解释人民群众是历史的创造者，并进一步说明人民群众创造了丰硕的物质财富、精神财富，由此论证人民群众是劳动的主体，是致力于实现中华民族伟大复兴的爱国者、耕耘者。

121

融合任务

通过活动与思考，探究劳动与物质财富之间的关系，得出结论并在生活中学以致用。

融合活动

活动一：阅读与思考

材料：

图 13-1　工人（图片来源：视觉中国） 　　图 13-2　农民耕种（图片来源：视觉中国）

阅读以上图片，请说说你看到了什么，以及此时此刻内心的感受。

_____
_____
_____
_____

提示：人民是社会历史的主体。人民通过劳动，用辛勤的双手创造了丰富的物质财富，也在劳动的过程中创造了多样的精神财富。满足了我们生存、发展的基本需要。人民也是社会变革的决定力量，只有紧紧依靠人民，社会才能发展，历史才会进步。因此，不能脱离人民群众。

活动二：讨论与分享

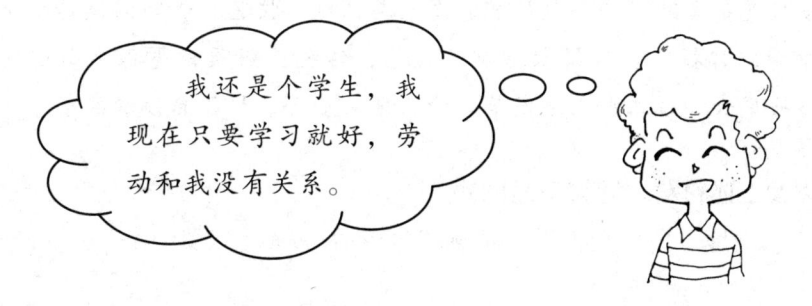

> 我还是个学生，我现在只要学习就好，劳动和我没有关系。

你同意小明的观点吗？为什么？

_____

_____

_____

提示：

小明的观点是错误的。

首先，他没有认识到每个人都要参与劳动。人民是劳动的主体，人民通过劳动创造了丰硕的物质财富、精神财富。其次，小明否认了劳动的价值。通过劳动，我们把理论、精神与实际相结合，转化为物质力量，并由此促进社会发展。因此，每个人都应投入劳动，通过劳动实现自身价值。

活动三：阅读与思考

材料1：开足马力！浙江丽水莲都8300多亩水稻迎丰收

秋分时节，各地进入秋收、秋耕、秋种的"三秋"忙碌，田间地头尽是欢声笑语，洋溢着丰收的喜悦。眼下，浙江省丽水市莲都区的水稻也迎来了丰收，不少种粮大户开镰收割，享受丰收的喜悦。①

材料2：丽水新增10项省级非遗代表性项目

丽水非物质文化遗产具有深厚的历史渊源和鲜明的山区特色，它们是长久以来丽水人民精神价值、思维方式、创造能力的集中体现，是今日丽水珍贵的文化资源，更是浙西南传统文化的优秀代表。丽水此次入选的第六批省级非物质文化遗产代表性项目分别为：传统体育、游艺与杂技项目遂昌布衣拳，传统技艺项目莲都鱼跃酱油酿制技艺、龙泉黄粿制作技艺、青田温溪传统刻字技艺、缙云爽面制作技艺、遂昌长粽制作技艺，传统医药项目莲都南山中医骨伤科，民俗类项目云和瓯江水上蛟龙节、缙云地母庙会、松阳竹溪食品祭。②

阅读上述材料，回答下面问题。

（1）当地人民群众都进行了哪些生产活动？

（2）思考这些生产活动所创造的成果与我们的生活有哪些联系。

提示：人民群众是社会物质财富的创造者。人民群众作为物质生产的承担者和社会生产力的体现者，创造了人们吃、穿、住、用、行等必需的生活资料。

人民群众是社会精神财富的创造者。人民群众的生活和实践是一切精神财富形成和发展的源泉。人民群众的实践为精神财富的创造提供了必要的物质条件。人民群众还直接创造了丰硕的社会精神财富。

• **小贴士** •

人民群众是指一切对社会历史起推动作用的人们，既包括普通个人，也包括杰出人物。在不同的国家、不同的历史时期，人民群众具有不同的内

---

① 央视网.明日将迎来第五个中国农民丰收节　田间地头洋溢着丰收的喜悦［EB/OL］.（2022-09-22）［2024-03-15］.https：//baijiahao.baidu.com/s?id=1744635587111868118&wfr=spider&for=pc.

② 丽水网.丽水新增10项省级非遗代表性项目［EB/OL］.（2023-02-01）［2024-03-15］.http：//www.lishui.gov.cn/art/2023/2/1/art_1229218390_57343166.html?eqid=8088e798000269df00000005648f262b.

涵，但不论怎样变化，劳动群众都是人民群众的主体部分。在我国现阶段，全体社会主义劳动者、社会主义事业的建设者、拥护社会主义的爱国者、拥护祖国统一和致力于中华民族伟大复兴的爱国者，都属于人民群众的范围。

活动四：探究与分享

小组讨论，写一写你可以通过劳动，在物质与精神方面创造哪些成果。

表 13-1　物质与精神方面创造的成果

物质生活方面	精神生活方面
粮食	著作
衣服	歌曲
……	……

交流感受：

• 小贴士 •

恩格斯在《劳动在从猿到人转变过程中的作用》中谈到劳动的重要性。

◆劳动是整个人类生活的第一个基本条件，而且达到这样的程度，以致我们在某种意义上不得不说：劳动创造了人本身。

◆首先是劳动，然后是语言和劳动一起，成了两个最主要的推动力，在它们的影响下，猿脑就逐渐地过渡到人脑；后者和前者虽然十分相似，但是要大得多和完善得多。随着脑的进一步发育，脑的最密切的工具，即感觉器官，也进一步发育起来。正如语言的逐渐发展必然伴随有听觉器官的相应的完善化一样，脑的发育也总是伴随有所有感觉器官的完善化。

融合成果

本节课之后，有社区请你在本社区内宣讲劳动价值，弘扬劳动精神，请写写你的宣讲稿，并在班级内开展预演，请同学们先评价指正，评价标准如表13-1所示。

表 13-2 "劳动宣讲人"评价量表

评 价 内 容	分　　数
劳动宣讲的逻辑性	
劳动宣讲事例的代表性	
劳动宣讲的感染性	
宣讲内容明确、语言简明	
宣讲人表达清晰流畅、声音响亮、仪态大方、重点突出	

劳动是一切财富的源泉，我们获取的任何收入归根结底都来自劳动创造。要弘扬劳动精神，崇尚劳动、尊重劳动，牢固树立劳动最光荣、劳动最崇高、劳动最伟大、劳动最美丽的观念。要鼓励全体劳动者通过辛勤劳动、诚实劳动、创造性劳动致富。

第 14 课
最美好：地理创·生活美

（云和梯田　图片提供者：林斌斌）

融合引语

地理是研究地理环境及人类活动与地理环境相互关系的一门学科。人们的衣、食、住、行都与地理知识有着密切的联系。地理学科历来是开展劳动教育的重要载体，随着新一轮课程改革的推进，地理教科书的内容产生了较大的变化，为开展劳动教育奠定了基础。发现和探索生活中的地理，感受劳动人民的智慧和成果，帮助新时代的青年养成求真求实的科学态度，培养劳动情怀，提高地理审美情趣，感受生活之美。

融合教材

湘教版普通高中教科书地理教材中《产业区位选择》一课，湖南教育出版社，2019年7月第1版。

融合任务

班级将举行"劳动创造美丽生活颁奖会"活动，请同学们积极参与以下三个活动，和同伴一起完成如下任务。

融合活动

1. 资料查阅和收集：上网查阅资料，了解云和雪梨的产品信息（品种、特点等）和生长习性，收集整理云和的自然环境特征（气候、地形、土壤、水源等）。

2. 资料整理与研究：了解云和雪梨产业的发展历史，思考从兴盛到衰弱再到兴盛的原因。

3. 分6组（6—7人一组），实地调查和考察为实现云和雪梨的财富梦，云和县采取了什么措施。

4. 举办"劳动创造美丽生活"评选会，确定评选标准，为喜爱的"劳动创造美丽生活"小组投票。

活动一：云和雪梨为什么那么甘甜？

结合云和雪梨的特点和生长习性，探究云和雪梨在云和生长的有利自然条件。

_____

_____

_____

_____

_____

提示：特点和生长习性与当地的自然地理环境息息相关，从气候、地形、水源、土壤等角度思考。

活动二：云和雪梨为什么一度产量剧减？

云和雪梨是云和县传统名果，始种于明景泰年间，盛产于民国36年，年产920吨。民国年间，云和雪梨作为云和主要的经济作物被大量种植。1915年，云和雪梨酒还获得了巴拿马国际博览会铜质奖。受到诸多因素的影响，云和雪梨产量逐年减少，至新中国成立前夕，全县雪梨产量已经不足50吨。请分析云和雪梨一度产量剧减的原因。

_____
_____
_____
_____

提示：从社会经济角度作答。

活动三：云和雪梨财富梦如何实现？

2007年，云和雪梨的价格是每公斤10元，2008年，价格涨到了每公斤16元。"现在，正宗云和雪梨每公斤30元，咱们的雪梨越卖越好了！"潘昌华说。靠雪梨，苏坑村一年可以获得100多万元的收入。[1]

查阅资料并分三组进行实地考察（地点包括果园、加工厂、部分销售点），向农民和加工厂工作人员以及销售人员了解雪梨从种植到销售的情况，探究为实现云和雪梨财富梦，云和县采取了哪些措施。

_____
_____

---

[1] 聚土网.百年种植历史的品种：云和雪利 [EB/OL]．(2016-05-11) [2024-03-15].http://www.jutubao.com/news/content-7025.html.

提示：从农业生产到销售的各个环节思考。

知识扩展：

2016年，云和雪梨通过农业农村部农产品地理标志登记保护，获得中华人民共和国农产品地理标志登记证书。目前，云和雪梨已搭上了生态高效、农旅融合、品牌营销、系列开发的快车道，成为广受青睐的生态产品、文化产品、旅游产品，雪梨产业更是成为了农民群众增收致富的重要途径，是云和名副其实的"致富果"。①

融合成果

在班团课评选云和雪梨调查研究最佳小组，举行"劳动创造美丽生活颁奖会"，从公告发布、会场布置到现场组织，要求人人有任务、人人都参与。

活动提示：

1. 发布公告。

首届"劳动创造美丽生活颁奖会"推荐与评选公告

亲爱的同学们：

在刚刚过去的一段时光里，哪些同学在调研云和雪梨过程中给你留下了深

---

① 动听的水.百姓热线｜云和县元和街道：梨花微雨　新城元和［EB/OL］.（2021-11-11）［2024-03-15］.https://mp.weixin.qq.com/s/ddbhFXi94p_J8xcoz3S31w.

刻的劳动印象？哪些小组作品让你明白结合地理知识去劳动实践可以创造和体验美好生活？快来为喜爱的"劳动创造美丽生活"活动成果投票吧！

　　作品候选范围：六个小组的"劳动创造美丽生活"活动成果

　　投票时间：本周五（××月××日）第×节课后

　　投票方式：根据评选标准打星（可多选）

××班委会

××××年××月××日

2. 推选主持人、颁奖人、评委小组，确定小组展示顺序。

　　提示：以流程图的形式确定顺序。

3. 小组精心准备图片、文字、短视频向全班同学推荐本小组"劳动创造美丽生活"的活动成果。

　　提示：以幻灯片和视频的形式配合解说。

4. 评委小组对所有小组的展示进行点评，评委给各小组投票（表14-1）。

表14-1 "云和雪梨最佳调研小组"评价量表

文本资料、照片素材	优	良	中
PPT展示汇报			
小组人员参与的积极性			
资料收集的价值性			
资料整理的逻辑性和简要性			

提示：总结性评价既包括对云和雪梨的资料和调查的评价，也包括成果汇报的评价。资料收集和实地调查的评价主要包括全面性、实用价值性、资料整理的逻辑性和简要性、小组成员的参与性；成果汇报的评价聚焦在汇报内容是否全面、语言表达是否流畅、课件制作是否精美。依次进行打分，将各项得分汇总作为项目总成绩。各小组根据交流和评价结果，总结项目经验，优化项目成果。

5. 将录制的评选会视频加工后，在家长群及班级群展出。

融合成果

调研丽水其他有名农产品的生产和发展，思考其农业区位因素及其变化，探讨其可持续发展的措施，并提出自己的建议。

第 15 课

最美好：智能化·技术美

图 15-1　智慧农场环境监测系统

通过对小气候的检测，包括光照、温湿度、雨量、二氧化碳、风速、风向、大气压等实时监测，分析对作物产量和质量的影响。

通过对土壤指标——土壤肥料、含水量、pH值的实时采集，可对重点关注地区的土壤进行不间断的跟踪。可以指导农场管理者对种植物进行灌溉和施肥。

历史数据表格导出，可以对历史数据进行分析，得出与产量之间的关联，对作物品种改善有指导意义。

融合引语

21世纪，以大数据、人工智能、5G、物联网等为核心的新技术风起云涌，迅速融入政治、经济、社会、文化、生态等领域的方方面面。智能技术在劳动生产领域的运用，极大地提高了劳动生产效率，同时促进经济的革命性发展，工业时代劳动价值观完全颠覆了农业时代的劳动价值观，人工智能时代的劳动价值观也将发生彻底的变革。此次技术革命发展范围之广、速度之快、程度之深迫使我们对国家的劳动方式、劳动价值理论等进行重新思考，通过劳动实现我们伟大复兴的中国梦。

融合教材

普通高中信息技术教科书必修二《信息系统与社会》第四章 4.2 搭建信息系统、4.3 完善信息系统，第 138—151 页，浙江教育出版社，2022 年 12 月第 40 次印刷版。具体内容如下：梳理搭建信息系统，完善信息系统等方面的内容。信息系统的结构示意图如图 15-2 和图 15-3 所示。

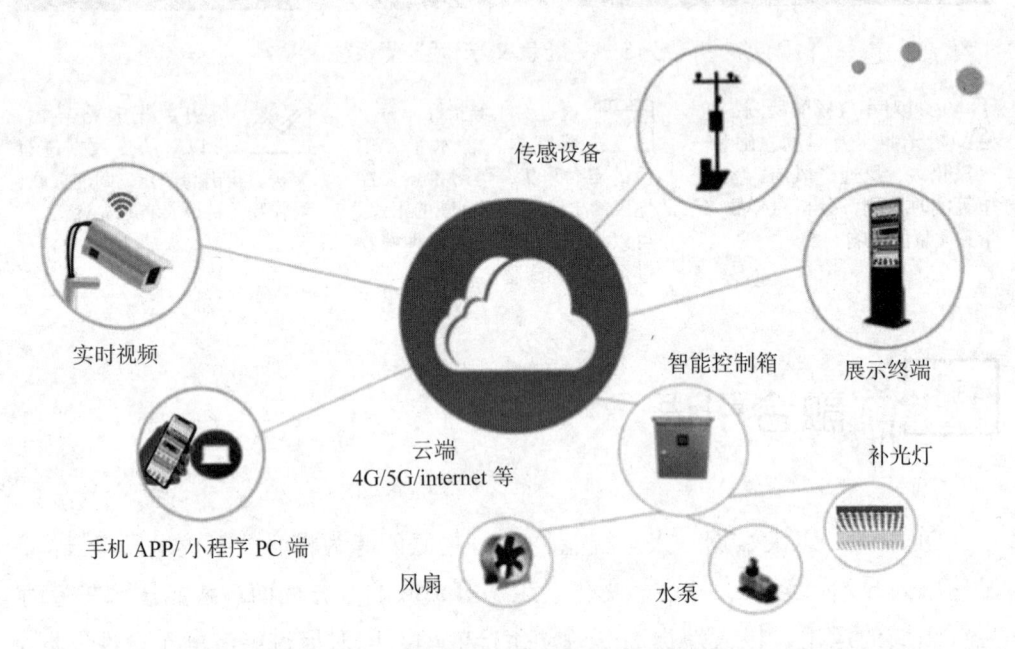

图 15-2　智慧农场环境监测系统组成示意图

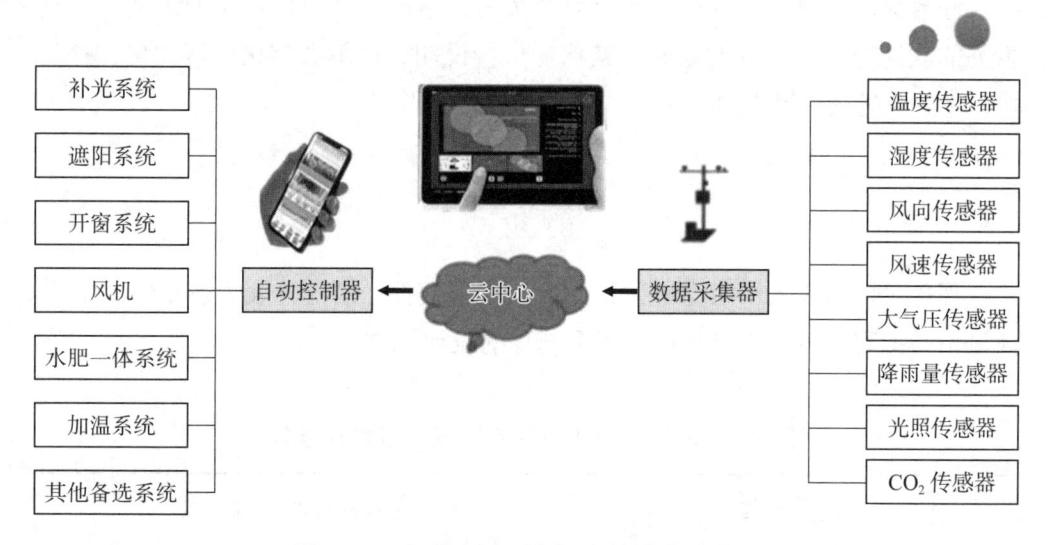

图 15-3 智慧农场环境监测系统结构示意图

融合任务

任务 1：欣赏智慧农场环境监测系统的搭建与功能。

推荐网站：通过以"智慧农场""环境监测系统"等为关键词搜索网络资源，并选择合适的作品进行欣赏，如图 15-4 所示。

图 15-4 智慧农场环境监测系统的操控平台

任务2：从智能与劳动创造价值的角度，掌握典型信息系统的组成，包括相关的软件与硬件，并对组成及其功能进行说明，理解数字化、智能化、移动化、系统化等对劳动效率、劳动价值与意义的影响等。

任务3：以四人小组为单位，设计软件与硬件，制作列表（表15-1），分项讨论并拟写"智慧农场环境监测系统"的设计标准。

表15-1 "智慧农场环境监测系统"软件与硬件设计

硬件搭建	1. 服务器	应用程序处理、访问数据库管理系统
	2. 网络设备	交换机、路由器、网卡、双绞线、电缆等
	3. 传感设备	温湿度传感器、光线传感器、气体传感器等
	4. 智能终端	输入、处理、存储、输出（要靠传感器）
软件开发	1. 数据管理设计	（1）数据采集
		（2）数据传输
		（3）数据存储
		（4）数据呈现
	2. 程序编写	（1）服务器端程序编写
		（2）智能终端程序编写

任务4：根据拟写的设计标准编写出本组的"智慧农场环境监测系统"（图15-5），由本组推荐一位同学担任介绍人，说明服务器端、客户端的程序及硬件搭建。

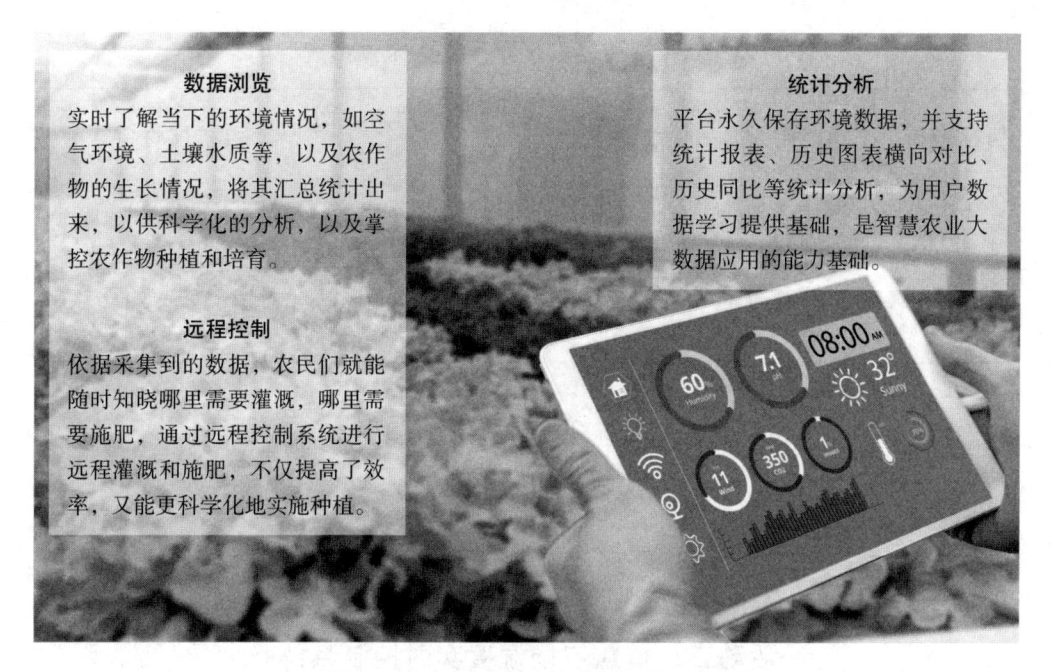

数据浏览
实时了解当下的环境情况，如空气环境、土壤水质等，以及农作物的生长情况，将其汇总统计出来，以供科学化的分析，以及掌控农作物种植和培育。

统计分析
平台永久保存环境数据，并支持统计报表、历史图表横向对比、历史同比等统计分析，为用户数据学习提供基础，是智慧农业大数据应用的能力基础。

远程控制
依据采集到的数据，农民们就能随时知晓哪里需要灌溉，哪里需要施肥，通过远程控制系统进行远程灌溉和施肥，不仅提高了效率，又能更科学化地实施种植。

图 15-5　智慧农场环境监测系统示意图

任务 5：举办"智能劳动创造价值"颁奖会，确定评选标准，为喜爱的"智能劳动创造价值"作品投票。

融合活动

班级将举行"'智能劳动创造价值'颁奖会"活动，请挑选三个活动参与其中，和同学一起完成相关任务。

活动一：智慧农场温度实时采集系统

根据表 15-2，从六个方面探讨智慧农场温度实时采集系统。

表 15-2 智慧农场温度实时采集系统

目标期待	功能需求	性能需求	资源和环境需求	用户界面需求	可扩展性需求
室内环境是否合适	能根据环境信息，调整至最适合植物生长的环境	查询计算机教室的硬件设施	制作与使用中需要的软件	界面友好、有效、方便使用	将智能终端与传感器相结合，利用串口采集数据，实时上传至 Web 服务器

提示：融合人工智能，展现新时代劳动者智能创造的时代。

活动二：智慧农场湿度实时控制系统

根据下列案例，分析湿度实时控制系统的基本构成要素及相关技术参数，即一个成功的湿度实时控制系统的技术标准。

✤ 浙江某学校智慧智耘露台，提供智慧 LED 屏、自动浇水系统（带水泵）、土壤肥料测试系统并自动施肥，并与农业大数据平台相连接，实现手机小程序监控等系列智能农业活动。

图 15-6 智慧智耘露台

活动三：智慧农场光照实时采集控制系统

写出智慧农场光照实时采集控制系统的基本构成要素及相关技术参数，即一个成功的光照实时控制系统的技术标准。

活动四：智慧农场灌溉实时控制系统

设计智慧农场灌溉实时控制系统。各小组分工讨论设计并制作。

根据设计图，以四人小组为单位，把自己设计的 Web 程序发到班级共享群，评选出"智慧农场最强版"。

提示：可参考代码。

融合成果

智慧农场——展示技术之美。

1. 发布公告。

"智能劳动创造价值"评选活动公告

投票网址：http://10.200.35.1861

投票时间：5月1日—6月1日

投票方式：为自己喜欢的"智能劳动创造价值"投票（必选3项）

2. 评委小组对投票结果进行统计并分析。

3. 举行"智能劳动创造价值"颁奖会。

根据票选结果评出特等奖一名，一等奖三名，二等奖五名，三等奖八名。并请特等奖获得者展示智慧成果，共享劳动价值。

第 16 课

最美好：劳动情·音乐美

纤夫雕塑

融合引语

在20世纪90年代,来到重庆,你会遇到长江两岸有着这样一群人:他们穿着草鞋或赤着脚,弯着腰,肩上或是腰上捆绑着一根粗大的麻绳,吃力地拉着逆流而来的船只,吃力鼓劲之时,领头的船工就一声吆喝,后面的船工应声接应,整齐一致,曲调高亢激越,直击灵魂,久久回荡在两岸之间,这就是被称为长江文化活化石的"川江号子"。

"川江号子"是川江船工为统一动作和节奏,由号工领唱,众船工帮腔、合唱的一种一领众和式的民间歌唱形式。"川江号子"可以让船工们在艰苦的劳动中消除疲劳,调节心情,鼓舞斗志,整齐节奏,使航船前行顺利有序。

重庆和四川东部是"川江号子"的主要发源地和传承地,"川江号子"主要流传于金沙江、长江及其支流岷江、沱江、嘉陵江、乌江和大宁河等流域,代表曲目有《十八扯》《大斑鸠》《小斑鸠》等。

融合教材

普通高中音乐教科书必修音乐鉴赏第二单元《腔调情韵——多彩的民歌》(第18—23页),第三单元《鼓舞弦动——丰富的民间器乐》(第32—40页),人民音乐出版社,2019年5月版。

融合任务

自选课题,以小组为单位,开展研究性学习。

课题1：音乐起源探究。

课题2：丽水地区民歌、民乐现状调查。

融合活动

根据所选课题，以小组为单位选择开展相关活动。

活动一："我来查"——文献搜集

1. 到学校图书馆、丽水市图书馆等借阅有关音乐理论方面的中外书籍，查阅与音乐起源有关的论述，做好笔记（表16-1）。

表16-1 借书记录表

我借阅的书籍	作　者	书中关于"劳动与音乐关系"的观点	我的观点

2. 分析学术界关于音乐起源的不同观点，做出自己的判断。

3. 围绕"劳动在音乐起源中起何作用？音乐对劳动有何作用？"，以小组为单位，展开讨论。

4. 完成一篇小论文。

回忆音乐教材：音乐的主要功能有哪些？

_____
_____
_____
_____
_____
_____

> **•小贴士•**
>
> 1. 音乐从何而来？大致有"劳动说""模仿说"（模仿动物界的声音）和"巫术说"等，但无论哪种说法，音乐都是起源于人类生活，主要是在劳动过程中产生的。
>
> 2.《礼记》中关于音乐起源的论述："凡音之起，由人心生也。人心之动，物之使然也。感于物而动，故形于声。"
>
> 3.《淮南子·道应训》："今夫举大木者，前呼'邪许'，后亦应之，此举重劝力之歌也。"这就是早期劳动号子的记录。
>
> 4. 古希腊思想家柏拉图在著作《理想国》中认为："音乐是善或恶的灵魂。"
>
> 5. 古希腊时，人们就认为，音乐具有教化功能，能净化心灵、使人向善。

活动二：了解丽水民歌

1. 查阅资料，了解丽水地区民歌和民乐的主要类型与基本现状。

2. 采访民间老艺人。

3. 以班级为单位，到丽水市文化馆非遗中心开展一次专题活动。

4. 到农村现场感受一次红白喜事的民间锣鼓班子演奏，或者观看一场"平安戏"、一次民间庙会等，并制作小视频。

5. 赴景宁畲族自治县开展一次"寻找畲族民歌"活动。

6. 在以下艺术种类中（也可选择其他种类，属于自己家乡的即可）选择一种：莲都鼓词、缙云丝竹锣鼓、缙云独角台场、青田鱼灯舞、遂昌昆曲十番、云和汀州吹打、松阳竹溪锣鼓、松阳月宫调等。通过实地调查，做初步了解，并向全班同学做简要介绍。

将调查结果填入表16-2中。

表16-2 艺术种类调查表

我调查的艺术种类	流行区域	艺术特点	与当地的社会文化关联（发展土壤）

> **小贴士**
>
> 1. 非物质文化遗产：是指各族人民世代相传，并视为其文化遗产组成部分的各种传统文化表现形式，以及与传统文化表现形式相关的实物和场所。2006年，松阳高腔被国务院列入首批"国家级非物质文化遗产名录"。
>
> 2. 平安戏，又叫社戏，主要流行于浙江地区，是农民为了祈求风调雨顺、国泰民安而在社庙戏台上演的戏，平安戏的戏种因地域而不同，如丽水缙云平安戏以婺剧为主，庆元则以"菇民戏"为主。
>
> 3. 景宁畲族山歌，是畲族人民在生产、生活斗争中创作的口头文化。在旧社会，畲族人民在与统治阶级的斗争中，常以山歌作武器，表达对压迫的憎恨和对美好生活的追求。代表曲目有《打酒局》《打盐霸》《古老歌》《汤夫人》《十八小妹学插田》等。

图 16-1 唱山歌（图片来源：视觉中国）

活动三："我来搜"——与劳动有关的歌曲

1. 比一比：看谁找来的歌曲多。

以小组为单位，搜集与劳动有关的歌曲，包括歌词和歌谱，将其做成幻灯片，利用音乐课在班级展示。

2. 学一学：在搜集的歌曲中挑1—2首喜欢的歌曲学唱。

3. 说一说：结合一首歌曲，给同学们讲述创作背景，并介绍作词、作曲和演唱歌手。

4. 填一填。

（1）创作于陕甘宁边区的歌曲《军民大合唱》，歌曲原名是_____；作者是_____，他创作的革命歌曲还有_____、_____。

（2）1943年，陕甘宁边区_____运动渐入高潮，作为"生产模范"的三五九旅发扬自力更生、艰苦奋斗的革命精神，把荆棘遍野、荒无人烟的_____变成了_____（引用歌词填写）的陕北好江南，诗人_____由此创作了_____的歌词，作曲家_____采用_____民歌的调式，为它谱了曲。

（3）1998年，国有企业改革全面展开，中央电视台拍摄了一组下岗再就业题材的公益广告，其中有句歌词"心若在，梦就在"广为传唱。歌名是_____，原唱是_____。

活动四："我来赏"——电影《刘三姐》鉴赏

1. 自行安排时间鉴赏电影《刘三姐》。

2. 从山歌与人民群众生产生活的关系角度，写一篇观后感。

3. 学几段山歌，班级组织一次山歌对唱活动。

4. 考一考：

（1）电影《刘三姐》演绎的是哪种戏曲文化？＿＿＿＿＿＿

（2）电影《刘三姐》反映的是哪个少数民族的生活故事？＿＿＿＿＿＿

（3）电影《刘三姐》由长春电影制片厂于 1961 年摄制，主要讲述了＿＿＿＿＿＿＿＿＿＿＿的故事，电影的主要取景点是＿＿＿＿＿＿。

图 16-2　刘三姐故里景区风光（图片来源：视觉中国）

● 小贴士 ●

（1）电影《刘三姐》是中国大陆第一部风光音乐故事片。

（2）彩调属灯戏系统，源于桂林地区农村歌舞、说唱衍化而成的"对子调"。起源于广西北部农村，流传甚广，名称不一。彩调剧目多以劳动、爱情、家庭生活等为主题，有大量的口传和手抄本在民间流传。表演时采用桂柳方言，以小生、小旦、小丑（三小）等载歌载舞的表现形式为主，其中丑角和旦角的步法、转身、亮相、扇花、手花富有特色，尤以步法最为突出。2006 年，彩调经中华人民共和国国务院批准列入第一批国家级非物质文化遗产名录。

融合成果

根据小组所选课题,根据实际情况选择成果呈现形式。

1. 音乐起源,丽水地区山歌、民歌调查报告,电影《刘三姐》鉴赏等小论文(表16-3)。

(1)邀请音乐、语文等学科老师担任评委。

(2)优秀论文在班级展示。

表16-3 小论文成果列表

小论文题目	课题小组	小论文类型	评比级别	备 注

2. 模仿电影《刘三姐》,班级组织一场山歌赛歌会。

(1)推选活动组织者,做好活动策划。

(2)以小组为单位,推选歌手,做好学唱、内容等准备。

(3)全班同学投票,选出最佳"山歌手"。

(4)活动成果后期展示。

3. 在"五一节"前,以年级为单位,组织举办"劳动者之歌"赛歌会。

(1)由学生会确定大赛组委会组成人员。

(2)大赛组委会制定比赛规则,邀请评委,做好大赛筹备实施等工作。

(3)大赛结果发布、成果展示(表16-4)。

表 16-4 "劳动者之歌"赛歌会成绩清单

歌　手	分　数	获评称号	参赛歌曲	备　注

4. 将各种活动过程的小视频进行剪辑加工，在班级、校园艺术周等平台展示，也可展开评比。

5. 通过"劳动情·音乐美"课程的学习，同学们发表自己的感悟。

第 17 课
最美好：民艺淳・劳动美

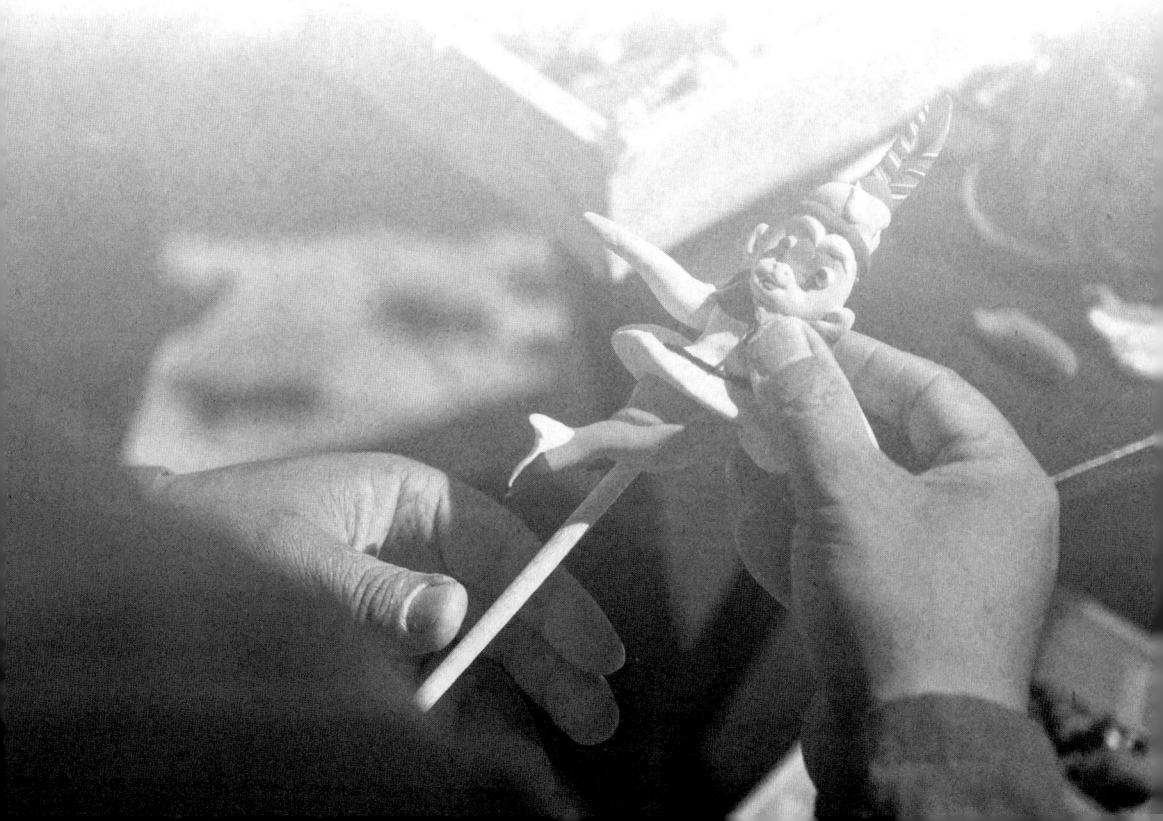

融合引语

中国民间美术是中华民族亿万生产劳动者在几千年的农耕岁月中，自己创造、欣赏以及使用的一种朴素、自由、实用，且具有趣味性的艺术形式。它存在于劳动人民衣食住行间，与生产劳动活动有密切的联系，是劳动人民生活必不可少的组成部分。相比于正统文化中宫廷的、文人雅士的艺术，民间美术色彩明亮饱满、形式丰富有趣、制作方式简单淳朴，是劳动人民审美与情感的表达，是中华民族劳动精神的体现。

融合教材

普通高中美术教科书必修《美术鉴赏》第五单元《淳朴之情——民间美术》（第130—153页），主题一"文化与习俗——从泥土中诞生的美"及主题二"质朴与率真——浓郁乡情的视觉呈现"，人民美术出版社，2019年7月第1版。

融合任务

（1）从传统民间美术的探索中，了解劳动人民在创作中如何运用色彩规律与造型风格，感受劳动之美。

（2）从对本土非遗传承人的探访中，感受劳动人民的工匠精神。

（3）结合时代背景，思考我们应当如何保护与传承民间美术，延续劳动文化。

融合活动

班级将举行"民艺淳·劳动美"主题活动。同学们可以自由组合参加下列任何一组：服饰组、雕塑组、剪纸组、玩具组，并选出小组长。各小组长制定计划，做好分工。

内容与要求如下：

（1）线上搜集资料，线下利用课余时间实地调研，可走街串巷了解当地民艺，参观非遗博物馆，最后整理本组民间美术作品的特点及其劳动背景与劳动精神。

（2）探访民间非遗匠人，收集他们的劳动故事及创作心得。

（3）在新的时代环境下，思考如何传承非遗艺术，弘扬劳动精神。

（4）课堂上每组派代表进行成果展示，本组同学做补充，逐个进行。成果以PPT或视频形式展示。

图 17-1 传统泥塑（图片来源：视觉中国）

图 17-2 传统服饰（图片来源：视觉中国）

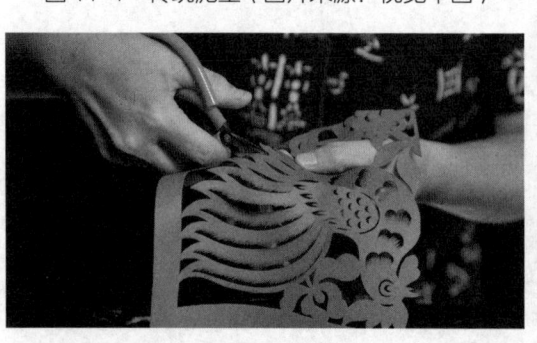

图 17-3 传统剪纸（图片来源：视觉中国）

图 17-4 木雕（图片来源：视觉中国）

活动一：探索民间美术，感受劳动之美

介绍本组选择的民间美术，对其文化起源、色彩风格、造型特征、使用场景、劳动背景、实用功能等，派代表逐一讲述。

表 17-1　民间美术详情表

	起源	分类	劳动背景	色彩风格	造型特征	实用功能	相关本土非遗
服饰组							
玩具组							
剪纸组							
雕塑组							

• 小贴士 •

1. 造型特征

中国的民间美术是一种象征艺术，也可以说是一种观念艺术。它常常利用文字和语言的多音多义，以及习俗中的象征含义。例如，民间图案中的鸡和羊寓意着吉祥，莲花和鱼象征着连年有余，蝙蝠含铜钱寓意福在眼前等。民间美术的表现手法不是再现自然，如同样画一枝荷花，早期西洋画强调真实，一定要画此时、此地的此朵花。而中国文人画是写意的，画荷花是画它出淤泥而不染的精神，表现的是一种人格，而民间美术中的荷花却是另一种观念：荷花代表女性、阴性，配上象征阳性的鱼，鱼戏莲，就成为表现恋爱的图案。由此可见，民间美术造型既不像西方早期绘画那样以模仿自然为审美前提，也不同于中国文人画那样"画抒吾意"。

2. 劳动背景

"男耕女织"是中国传统的农业自然经济的典型画面，人们生活在农村里自给自足，一切生活资料都必须靠自身的劳动来获取。男子耕种，并从事

费力的加工劳动，如木作、建筑、烧制瓷窑等；女子操持家务，并从事刺绣、纺织、布艺等。在这种最基本的、简单的生产中，主要目的在于其使用价值，而不是交换价值。

3. 实用功能

民间美术品的各种造型都非常突出地表现出它的实用性特征。例如，陕北炕头上的拴娃石，它一方面寄托着大人对孩子健康成长的祝愿，但更主要的还是它的实用功能，是为了避免小孩子乱爬而摔下炕去。

4. 地域特征

地域性的社会文化传统塑造着区域内居民的文化性格，制约着民众的生活习尚，从而形成了各自的区域性特征。这种区域性特征在民间美术的造物活动中显得尤为鲜明，其综合了劳动者的社会生活需求、风俗习惯、物产等因素，是约定俗成的功能和审美标准在某一区域内的具体表现。例如，面花、面羊等面塑习俗以黄河流域的小麦产区为盛，正是因为以面食为主的生活习俗，才产生了精美的礼馍、面花艺术。

5. 精神风貌

中国的民间艺术是一种"乐感文化"，是一种欢乐的艺术，与西方的"罪感文化"有着本质的区别。以基督教的原罪思想为出发点的大部分西方文化，认为生活目的只是为了赎罪，以获得原谅从而获得新生。这种思想观念在他们的艺术作品里也得到了充分的体现。在中国，几千年来，以个体农业为基础而生存的庶民阶层，他们摆脱不了天灾人祸、饥寒和贫穷，他们只能在"生于忧患，死于安乐"的慰藉中求生，他们祈祷万物有灵，祈求生命和生殖繁衍，幻想着喜庆和吉祥。其哲学观念是轮回的——"今天不好，明天会好""今生修好，来世有报"，他们总是对将来、对来世充满着希望。因此，他们的美术作品大多不表现现实生活的艰苦，而极力去表现理想中所期待的美好。其多数是对自身的美化，对生产生活物品的美化，对生存环境的美化。这种积极向上的乐观品质是我们民族的优秀传统，是劳动精神的体现，对建设有中国特色的社会主义物质文明和精神文明有着积极意义。

活动二：寻找非遗传人，领略工匠精神

丽水是一座非遗之城，独特的地域文化，让丽水拥有多达百余项非物质文化遗产。这些非物质文化遗产蕴藏着秀山丽水的人文记忆，也承载着丽水人的劳动精神。每组采访一位与本组所选民间美术相关领域的本土非遗传承人，了解他们的劳动故事和创作心得，整理他们的作品，感受他们的工匠精神。

缙云剪纸起源于清代康熙年间，2007年6月被浙江省政府列入第二批非物质文化遗产名录。2017年，周雪莺被浙江省文化和旅游厅评定为第五批浙江省非物质文化遗产代表性项目"缙云剪纸"代表性传承人。

"一把小小的剪刀，看似简单，真正上手却很不容易。"周雪莺感慨万分，"孩提时代，说是剪纸，可纸从哪儿来？"偶尔有点旧报纸，"称得上高配材料"。多数时候，她只能上山摘粽箬叶、毛竹箬壳、毛芋叶，以此满足自己的"剪瘾"。一次，她不慎从山上滑下落入水中，被捞上岸时，已经不省人事，而这样的"小意外"并没有阻断她的剪纸梦。甚至，在父母希望女儿能承担更多家务时，她已经躲在楼上剪出数十种栩栩如生的小动物，"光是蝴蝶，就有一千多幅"。

在当地，剪纸曾一度被认为是每个女子必须掌握的技艺，周雪莺所在的舒洪镇下周村也不例外，剪得越漂亮，"出嫁时越风光，在婆家地位也越高"。在这一点上，周雪莺显然是风光无限。

缙云剪纸以戏曲为题材，"为了激发自己更多的创作灵感"，她"逢戏必到"。只要村里有戏班演出，她必定一场不落，看动作，看神韵，看服饰，牢牢记在心上，回到家马上铺纸作画。不论多晚，她都要先将自己认为最有景致的场景，呈现在画上。翌日一早，她再着手开剪，"一幅幅作品由剪而生"。

剪纸作品万千变化，无论多复杂的图案，在她看来，不过是两把剪刀的事：一把大剪刀"剪轮廓"，定格整体；一把小剪刀"剪神韵"，勾勒细节。"剪"下的功夫，无非是"不起刀不停顿，一刀连到底"。于是，只要一刀，她就能剪出一朵梅花，一颗五角星；而红双喜，"仅需两刀"……速度之

图17-5 剪纸

快，不过是眨眼之间的事。

周雪莺用一把剪刀，"左右逢源"，一招一式之间，守护镂空的古老艺术。在一双巧手的剪裁下，飞禽走兽、戏曲故事、山川河流皆跃然纸上——她将自己美好的情思、才华和心愿都根植于剪纸的沃土里。

一边依照祖上的传统戏曲剪纸"熏谱"制作，一边在丈夫沈保定的支持下设计现代"熏谱"样张，她在继承与创作中，逐步形成质朴丰润、清晰明快、平里有奇、雅俗共赏、现代感强的艺术风格。

"传统类剪纸，以外婆和母亲遗存的传统戏曲剪纸实物为蓝本，沿袭祖辈面部不剪五官、外部轮廓用阳剪。"周雪莺希望，继承祖辈的聪明才智，遵循其构图和剪法原则，只剪不刻，"内部衣皱用阴剪、背景用中式古典窗格、磨砖地面等剪法"。

与此同时，她不断创新技法，融入现代元素，致力于体现人物特色，着力表现面部五官，"与祖辈不剪五官有明显区别"。在工具运用上，以剪为主，剪刻并用：线条长，圆弧大，用剪；线条细，作品尺寸大，用刻。

2010年，周雪莺突破常规，将4张长1.3米、宽0.65米的红纸叠在一起，花费半年时间，让全景作品《红楼梦》惊艳问世。3年后，《红楼梦》获和谐盛世·全国书画摄影诗文大赛特等奖，她因此被大赛组委会授予"新中国新时代艺术名家"称号。

> 剪纸作品，不论题材，不论大小，花鸟鱼虫抑或寻常巷陌、山川景色，"越是细节越难处理"，而恰恰她都做到了极致。
>
> 《红楼梦》《滚滚长江东逝水书法剪纸》《清官海瑞》在中韩剪纸文化交流展上获"特别贡献奖"；《蔡伯皆》获山西右玉"教场坪能源杯"第五届中国戏曲剪纸大赛金奖；《白蛇斗法海》获"白蛇传传说"全国剪纸邀请赛特别奖；《四大美女》获浙江省"映山红奖"灯彩大赛优秀奖……
>
> 在退休后的二十余年里，她创作剪纸作品两万多幅，其中三十多幅在市级以上的比赛中获奖，六十多幅作品被中国戏曲剪纸博物馆、桐庐叶浅予艺术馆、丽水"处州古韵"非遗陈列馆等单位永久收藏。[①]

活动三：联结古今民艺，传承劳动文化

民间美术扎根于最深厚的生活之中，渗透着劳动民众的审美意趣和理想愿望，也体现着我们民族的劳动精神。它不仅仅是一种美的艺术和贴近民俗的艺术，也是研究人类文明进化史的活化石。深入了解民间美术的精神所在，绝不是简单地看它们的造型规律，也不是只为延续民间工匠的艺术生命，重新恢复传统的辉煌，重要的是吸收民间美术中的文化内涵和民间艺术本源的活力，并把它贯注到新的创作中去。我们谈保护传统文化，重要的是使它成为我们民族文化的根本和基础，进而创造新时期的新文化。

民间美术在新的历史条件下该如何生存？结合现代观念和现实生活，思考我们该如何把民间美术融入当代社会生活中。

> **·小贴士·**
>
> **激发民间美术的内生动力**
>
> 民间美术一方面为我们搭建与先民"对话"的桥梁，还为现代设计提供

---

① 丽水网.一把剪刀一张纸，剪出乾坤万象生！缙云这位非遗传承人，60余年只专心这一件事[EB/OL].（2019-05-13）[2024-03-15].https://www.lsol.com.cn/html/2019/redian_0513/381913.html.

素材和灵感。民间美术与现代艺术设计看似相差甚远，其实却有共通之处。民间美术的传承一直通过"手把手"的形式进行，几乎每一件作品都是纯手工创作，这份纯粹无华的真情实感也正是现代人所追求的。

将民间美术的艺术精华有效融入现代设计，将为其找到一条重生之路。随着现代设计的发展，越来越多的设计师、艺术家将民间美术与现代设计成功嫁接。目前，在产品造型设计、环境艺术设计、视觉传达设计等多个领域，民间美术都得到了广泛应用。比如，中国联通的logo"中国结"，设计灵感就来自我国传统工艺美术形式盘长结。又比如，有的地方大胆创新农民画的视觉语言，并运用现代设计手法将其艺术精髓融入当地特产包装，二者的"邂逅"产生了新奇有趣的火花，由此推动了农民画的传承与创新。再比如，有设计师将传统扎染与现代审美相结合，设计出充满艺术气息的家居用品，不仅摘得国内外大奖，还将产品卖到了国外，千年扎染因此旧貌换新颜。

通过现代设计手段，深挖民间美术的艺术潜力和商业价值，拓宽民间美术的应用领域，打造民间美术的艺术品牌，是激活民间美术活力的最好方式。

融合成果

1. 同学们，请说说课后感悟和活动收获。

2. 各小组互评。可以从解说、协作和创作能力等方面展开。

第 18 课
最美好：强体魄·运动美

图片来源：丽水中学

融合引语

毛泽东在《体育之研究》中曾写道："体者，载知识之车而寓道德之舍也"。可见身体的发展是人的综合素养提高的物质基础和前提。

体育从劳动中发展而来，劳动又不可脱离体育。但是在高中校园中如何将体育与劳动相结合？什么样的体育锻炼可以增强劳动能力？在劳动中受伤该如何应急处理？为了锻炼学生劳动能力、增长学生劳动知识，我们将策划并举办"体育劳动知识技能拓展课外活动"。

融合教材

普通高中体育与健康教科书必修（全一册）第一章第一节"上好高中体育与健康课的意义"，人民教育出版社，2019年7月第1版。

融合任务

班级将举行"体育劳动知识技能拓展活动"，请积极参与其中并锻炼自己。

融合活动

（1）"体育与劳动"主题辩论赛，题目：体育与劳动的关系。

（2）"体育与劳动知识有奖竞猜"，设立抢答环节、挑战答题环节、对战答题环节，参与其中获取积分，换取奖励。

（3）"强体魄小型运动会"，设立多个体育与劳动相结合的比赛，所有同学争取尽可能多地参与项目。

（4）体育与劳动技能拓展，学生展示自己曾经掌握的体育劳动技能，教师展示并教授在日常生活中常见的体育劳动技能，简单概括较为复杂的体育劳动技能。

活动一："体育与劳动"主题辩论赛

浙江省首届中学生电视辩论赛亚军　　第二届浙江省中学生辩论赛勇夺冠军

图 18-1　辩论赛（图片来源：丽水中学）

一、活动背景

体育与劳动到底是什么关系？许多同学并不明白，因此，为了让同学们明确体育与劳动的关系，也为同学们展示自己的口才与智慧提供一个平台，特举办此次辩论赛。

二、活动目的

通过辩论赛的方式激发同学们参与本次活动的积极性；提高学生的应变能力和表达能力，以及综合文化素质；培养学生的创新能力和逻辑思维能力，全面展示我们的素质教育成果。

三、主办单位

各班班委会

四、承办单位

各班班委会

五、活动时间

班会课

六、活动宗旨

活跃文化生活，锻炼口才和反应能力

七、活动地点

各班教室

八、比赛要求

辩手要求：每支队伍由7人组成（1名责任人，4名辩手，2名替补）。要求辩手口齿清晰，思维敏捷，赛前做好充分准备。

主持人要求：形象好，气质佳，口齿清晰，开朗大方，应变能力强。

九、比赛规则

（一）比赛程序、用时及相关要求（全场总计用时28分钟）

1. 陈词时间：6分钟。正、反方一辩发言各3分钟。

2. 攻辩阶段：

（1）正方二辩提问，反方二辩回答，双方累计时间2分钟。

（2）正方三辩提问，反方三辩回答，双方累计时间2分钟。

（3）正方一辩做攻辩小结，用时1分30秒。

（4）反方一辩做攻辩小结，用时1分30秒。

注意：每次提问不超过 15 秒，每次回答不超过 20 秒。回答方不得以任何形式向对方提问。攻辩双方必须正面回答对方问题，提问和回答都要简洁明确。

重复提问和回避问题均要被扣分。正反双方的攻辩小结要针对攻辩阶段的态势及涉及资料，脱离比赛实际状况的背稿要被扣分。

3. 自由辩论阶段共用时 10 分钟，每方用时 5 分钟。（双方轮流发言，正方先开始。一方发言完毕落座后另一方方可起立发言，不得中途打扰对方发言。同一方辩手的发言次序不限。如果一方时间已经用完，另一方能够继续发言，也可向主席示意放弃发言。自由辩论提倡进取交锋，对重要问题回避交锋两次以上的一方扣分，对于对方已经明确回答的问题仍然纠缠不放的，适当扣分。）

4. 总结陈词阶段共用时 4 分钟，双方四辩总结陈词，每方用时 2 分钟。反方先开始。（辩论双方应针对辩论会整体态势进行总结陈词；脱离实际，背诵事先准备的稿件，适当扣分。）

5. 公布结果，评委点评。

十、评分

（一）评判标准

1. 论点明晰，论据充足，引证恰当，分析透彻。
2. 迅速抓住对方观点及失误，驳论精到，切中要害。
3. 反应敏捷，应对能力强。
4. 表达清晰，层次清楚，逻辑严密。

（二）评分办法

1. 审题：对所持立场能否从逻辑、理论、事实等多层次、多角度理解，论据是否充足，推理关系是否明晰，对本方的难点是否具有有效的处理方法。

2. 论证：论证是否有说服力，论据是否充分，推理过程是否合乎逻辑，事实引用是否得当、真实。

3. 辩驳：提问能否抓住对方要害，问题简单明了。在规定时间内没有提出问题或提问不清，应适当扣分。是否正面回答对方的问题，能否给人以有理有据的感觉。不回答或不正面回答应相应扣分。

4. 配合：是否有团队精神，是否相互支持，论辩衔接是否紧密。问答是否形成一个有机整体，给对方一个有力打击。

5. 辩风：所用语言和辩论风格讲究文明礼貌。扣分标准：凡审题、论证、辩驳、配合、辩风项目中，不符合评判要求和违反规则的，均酌情扣分。

十一、辩论赛题目（包括但不限于以下题目）

正方：劳动教育与体育应该分开

反方：劳动教育与体育可以融合

活动二：体育与劳动知识有奖竞猜

一、活动目的

增加本次主题活动深刻性，加强学生对劳动重要性的认知。

二、活动时间

班会课

三、活动地点

各班教室

四、参加范围

全班学生

五、活动内容：

本次竞赛设立抢答、挑战答题、对战答题三个环节。

具体安排：

1. 抢答环节：每位同学初始30积分，抢答成功加10分，抢答错误扣5分。

2. 挑战答题环节：分组进行挑战答题，答对一题加5分，最多5题。

3. 对战答题环节：分组进行对战答题，先答对5题的队伍获胜，得20分。

六、奖项设置

设一等奖5名、二等奖8名、三等奖15名，对获奖者颁发证书和奖品。

七、注意事项

1. 活动中各位同学注意文明礼仪。

2. 学习委员做好现场拍照记录工作。

3. 纪律委员维持现场纪律。

活动三：强体魄小型运动会

一、竞赛日期、地点

时间：各班自行安排时间进行

地点：田径场

二、参加范围

全班学生

三、竞赛分组

男子团体、女子团体、男子个人、女子个人

四、竞赛项目（包括但不限于表18-1所列项目）

表18-1 竞赛项目

比赛项目	比赛规则	评分方式
挑扁担接力（团体）	总赛程直线100米，每组5人参加，第一人挑起扁担，扁担中负重男30斤，女20斤。从100米起点出发，20米换一人。	按到终点名次获得积分
火线救援接力（团体）	每组相距30米分立两边，第一人出发后从对面救回另一人，被带回者救回第二人，依次接力。	按到终点名次获得积分
叠被子比赛（个人）	参赛选手在规定时间内完成叠被子比赛。	从叠好的被子整齐度、完成时间等进行评分
射箭捕猎比赛（团体、个人）	以团体为单位进行捕猎，以用弓箭射中的猎物为评分标准，猎物设置距离越远，分数越高。	完成比赛后根据获得的猎物评选出最佳猎人与最佳团队

活动四：体育与劳动技能拓展

一、活动目的：加强学生对体育劳动技能的掌握，强调劳动能力的重要性。

二、活动地点：体艺馆

三、参与人员：全班同学、老师、嘉宾（家长、校医）

四、活动时间：班会课

五、活动流程：

1. 学生展示自己掌握的体育劳动技能，包括但不限于运动技能、劳动技能、急救技能等。

2. 教师与嘉宾展示并教授在日常生活中常见的体育技能、劳动技能、急救技能等，学生能简单概括较为复杂的体育劳动技能。

3. 学生就自己感兴趣的技能分别向各位老师、嘉宾进行提问、学习。

融合成果

在班会课时，组织举办劳动学习成果展示，要求人人有参与、人人有劳动、人人有收获。

活动引语：

在过去的几节班会课里，你是否投入到劳动中去？你是否锻炼到了自己？你是否学习到了之前不会的劳动技能？请在接下来的时间里展示自己在这段时间里收获的成果吧。

活动流程：

1. 由班委邀请各科任老师作为主持人、颁奖嘉宾，各小组抽签决定展示顺序。
2. 按照展示顺序，各组以照片、现场演示等方式展示收获的成果。
3. 由颁奖嘉宾为获奖同学颁奖。

(图片提供者:周晓阳)

第三单元
最光荣

导语

月是家乡明,水是故乡甜。我们生于斯长于斯,家乡的山水融入了我们的血液中,藏在我们的气质里。家乡是我们人生的起点站,也是终点站,是全家乡人民共同为之奋斗的家园。

爱劳动的人饿不着，勤劳的双手能致富，劳动最光荣。"光荣"一词用来修饰"劳动"，这是一种至高无上的荣誉与精神褒奖。在我们的家乡，有着无数勤劳的人民，依靠自己的双手创造了一个又一个奇迹；有着颇具地方特色的职业与工种；有着……

本单元意图通过对最美劳模评选、劳模访谈、特别职业调查等活动，围绕"家乡劳动生活"展开研究性学习，借此了解劳模的品质特征与职业精神，明确家乡的特殊职业工种，关注家乡的劳动生活，加深对家乡的认识，进而形成自己的职业理想，树立劳动最光荣的观念。回顾过去，考察现在，展望未来，在调查过程中理解劳动的价值，明确调查的基本原理与操作技术，为将来的职业选择奠定基础。

第 19 课

最光荣：勤创造·劳模梦

融合引语

把握新发展阶段，贯彻新发展理念，构建新发展格局，推动"十四五"时期高质量发展，必须紧紧依靠广大劳动人民。我国劳动人民要更加紧密地团结在党中央周围，勤于创造、勇于奋斗，努力在全面建设社会主义现代化国家新征程上创造新的时代辉煌，铸就新的历史伟业。

我们生活在一个劳模辈出的时代，不同劳模来自不同领域，有的为经济发展添砖加瓦，有的为社会建设发光发热，有的为科技创新呕心沥血，有的为生态建设建功立业……那么，新时代哪些劳模事迹最值得我们重温？面对现实，我们如何解读劳模故事？展望未来，我们怎样弘扬劳模精神？把握新发展阶段，贯彻新发展理念，构建新发展格局，让我们一起寻找"我心目中最美的劳模"。

融合教材

统编普通高中思想政治教科书必修二《经济与社会》第二单元第三课第一框"坚持新发展理念"，人民教育出版社，2020年7月第2版。

融合任务

班级将举行"我心目中最美的劳模"系列活动，请挑选一个活动参与其中，和同学一起完成如下任务。

融合活动

1. 请从报纸和网站中，搜索近年来的各级劳模，并从中选取一个"我心目中最美的劳模"，关注该劳模的先进事迹，了解该劳模背后的故事。

推荐的新闻网站：劳动网、中华全国总工会及各地政府网、新闻网等。

_____
_____

2. 浏览网站，收集近年各级劳模先进事迹，结合我国新发展理念进行主题分类。

_____
_____

3. 以六人小组为单位，各小组评选"我心目中最美的劳模"，撰写评选理由。

_____
_____

4. 各小组根据评选劳模的先进事迹从新发展理念角度撰写"我们的颁奖词"。

_____
_____

5. 各小组根据劳模先进事迹，结合个人未来梦想，撰写并分享劳模给我的启示。

_____
_____

活动一：我是"读书人"：我学新发展理念

完成表格：通读教材第32—38页，填写表19-1。

表19-1 发展思想和新发展理念

发展思想和新发展理念		内 涵	要 求	地位、作用或意义
发展思想	以人民为中心	①	②	③
新发展理念	创新发展	④	⑤	⑥
	协调发展	⑦	⑧	⑨
	绿色发展	⑩	⑪	⑫
	开放发展	⑬	⑭	⑮
	共享发展	⑯	⑰	⑱
相互关系		⑲	⑳	㉑

提示：

① 坚持以人民为中心的发展思想，就是把实现人民幸福作为发展的目的和归宿，做到发展为了人民、发展依靠人民、发展成果由人民共享。

② 发展为了人民，就是要从人民群众的根本利益出发谋发展、促发展，不断满足人民日益增长的美好生活需要，努力促进人的全面发展。

发展依靠人民，就是要把人民作为发展的力量源泉，充分尊重人民主体地位和人民群众的首创精神，不断从人民群众中汲取智慧和力量，依靠人民创造历史伟业。

发展成果由人民共享，就是要使发展成果惠及全体人民，不断保障和改善民生、增进人民福祉，走共同富裕道路，彰显制度优势。

③ 以人民为中心的发展思想，反映了坚持人民主体地位的内在要求，彰显了人民至上的价值取向，确立新发展理念必须始终坚持的基本原则。

④ 创新发展注重的是解决发展动力问题。

⑤ 坚持创新发展，必须把创新摆在国家发展全局的核心位置，不断推进理

论创新、制度创新、科技创新、文化创新等各方面创新，让创新贯穿党和国家一切工作，让创新在全社会蔚然成风。

⑥ 创新是引领发展的第一动力。发展动力决定发展速度、效能、可持续性。

⑦ 协调发展注重的是解决发展不平衡问题。

⑧ 树立协调发展理念，就必须牢牢把握中国特色社会主义事业总体布局，正确处理发展中的重大关系，重点促进城乡区域协调发展，促进经济社会协调发展，促进新型工业化、信息化、城镇化、农业现代化同步发展，在增强国家硬实力的同时注重提升国家软实力，不断增强发展的整体性。

⑨ 协调发展是持续健康发展的内在要求。

⑩ 绿色发展注重的是解决人与自然和谐共生问题。

⑪ 树立绿色发展理念，就必须坚持节约资源和保护环境的基本国策，坚持可持续发展，坚定走生产发展、生活富裕、生态良好的文明发展道路，加快建设资源节约型、环境友好型社会，形成人与自然和谐发展的现代化建设新格局，推进美丽中国建设，为全球生态安全作出新贡献。

⑫ 绿色发展是永续发展的必要条件和人民对美好生活追求的重要体现。

⑬ 开放发展注重的是解决发展内外联动问题。

⑭ 树立开放发展理念，就必须顺应我国经济深度融入世界经济的趋势，奉行互利共赢的开放战略，坚持内外需协调、进出口平衡、引进来和走出去并重、引资和引技引智并举，发展更高层次的开放型经济，积极参与全球经济治理和公共产品供给，提高我国在全球经济治理中的制度性话语权，构建广泛的利益共同体。

⑮ 开放是国家繁荣发展的必由之路。

⑯ 共享发展注重的是解决社会公平正义问题。

⑰ 树立共享发展理念，就必须坚持发展为了人民、发展依靠人民、发展成果由人民共享，要做出更有效的制度安排，使全体人民有更多获得感、幸福感、安全感，增强发展动力，增进人民团结，朝着共同富裕方向稳步前进。

⑱ 共享是中国特色社会主义的本质要求。

⑲ 创新、协调、绿色、开放、共享的新发展理念，相互贯通、相互促进，是具有内在联系的集合体，要统一贯彻，不能顾此失彼，也不能相互替代。

⑳ 把新发展理念贯穿发展全过程和各领域，构建新发展格局，切实转变发

展方式，推动质量变革、效率变革、动力变革，实现更高质量、更有效率、更加公平、更可持续、更为安全的发展。

㉑新发展理念是习近平新时代中国特色社会主义经济思想的主要内容。

活动二：我是"读报人"：我选最美劳模

1. 浏览报纸、网站。选择某期报纸，如《劳动报》《工人日报》《中国青年报》《浙江日报》《丽水日报》等；或一个新闻网站，如人民网、新华网、劳动网或政府网等。浏览近三年各级劳模评选结果，并详细了解劳模先进事迹。

2. 以小组为单位，推选"我心目中最美的劳模"，并撰写推荐理由。
（1）了解劳模先进事迹，评选本组的最美劳模。
（2）详细关注最美劳模先进事迹，撰写推荐理由。

> •小贴士•
>
> 　　人世间的美好梦想，只有通过诚实劳动才能实现；发展中的各种难题，只有通过诚实劳动才能破解；生命里的一切辉煌，只有通过诚实劳动才能铸就。
> 　　劳动造就了中华民族的辉煌历史，也必将创造出中华民族的光明未来。

> •小贴士•
>
> 　　劳模精神是劳模之所以成为劳模，而在平凡岗位上做出不平凡业绩所坚持、坚守、坚定的基本信念、价值追求、人生境界及其展现出的整体精神风貌。"劳动模范身上体现的'爱岗敬业、争创一流，艰苦奋斗、勇于创新，淡泊名利、甘于奉献'的劳模精神，是伟大时代精神的生动体现。"
> 　　爱岗敬业是本分，争创一流是追求，艰苦奋斗是作风，勇于创新是使命，淡泊名利是境界，甘于奉献是修为。做一个守本分、有追求、讲作风、担使命、有境界、有修为的人，是每一位劳模的精神风范，更是每一位劳动者应该追求的目标。

活动三：我是"见证人"：我写劳模颁奖词

1. 根据活动一的表格（表19-1），各小组成员共同评辨自己心目中最美劳模主要在哪个领域作出了不平凡的贡献，主要符合哪一个新发展理念，小组成员商议并撰写颁奖词，以体现其在贯彻新发展理念上的突出表现（表19-2）。

表19-2　最美劳模评选表

最美劳模	贯彻新发展理念	具体表现
颁奖词		

2. 各小组将自己的颁奖词上传班级钉钉群（也可以微信群或QQ群），并在所在群发动全班级同学在线投票，评选出"最佳颁奖词"。

颁奖词样例：

样例1：他是一位朴实无华、默默耕耘在养殖生产一线的乡村动物防疫员，与动物打交道28年，脚印遍布古港镇13个村，亲手免疫的畜禽数以百万计，他对动物防疫事业的不断付出和无悔坚持，换来了乡村百姓的无限信任。

样例2：一肩挑四担，撑起一片天。乡亲们的需要是你的方向，乡亲们的幸福是你的荣光。你是大山的女儿，坚守初心艰苦奋斗，不忘使命默默奉献，不愧为脱贫攻坚领头雁，治病救人好医生，教书育人好老师，扎根基层好党员。

样例3：在意识的维度中天马行空，在现实的限制里推陈出新，用果敢粉碎一个个困难，用拼搏攻克一道道难关。潜心钻研，提高专业技术水平。迎接挑战，建设云计算平台。不懈努力，改变传统锻造业。高路入云端，勇攀创标杆。

> • 小贴士 •

　　颁奖词的写法要领：（1）大笔写意，点明人物的事迹。指从大处着眼，抓住人物最主要的令人钦敬的事迹，简要概述，力求用最简洁的笔墨，勾勒出丰满的笔下之物。因此，颁奖词不要求详尽地交代人物事迹的来龙去脉或是细枝末节。人物事迹点到为止。（2）纵深开掘，彰显人物的精神。对人物精神的赞美是颁奖词写作的重点，也是难点。通过人物的事迹，引出对人物精神的评价。因此，在颁奖词中，要体现出人物的闪光心灵、人格魅力，或是坚强的意志、崇高的思想品质等，最好能体现一定的哲理。（3）综合表达，事、理、情有机融合。颁奖词在表达方式上，需要将叙述、议论、抒情这三种表达方式综合运用。将人物事迹、精神以及对人物的赞美之情有机融合在一起。（4）言简意赅，自然流畅。颁奖词一般很简短。这就要求语言高度浓缩，言简意赅。这样的语言往往字字珠玑、意蕴丰富，具有生动、形象的特点，同时还要自然流畅，音韵铿锵悦耳，富有音乐美。

活动四：我是"追梦人"：我筑未来劳模梦

　　1. 围绕"我的劳模梦"主题，结合劳模精神要求和最美劳模先进事迹，分析自己未来成为某一领域劳模的优势和劣势，撰写一份劳模成长规划书。

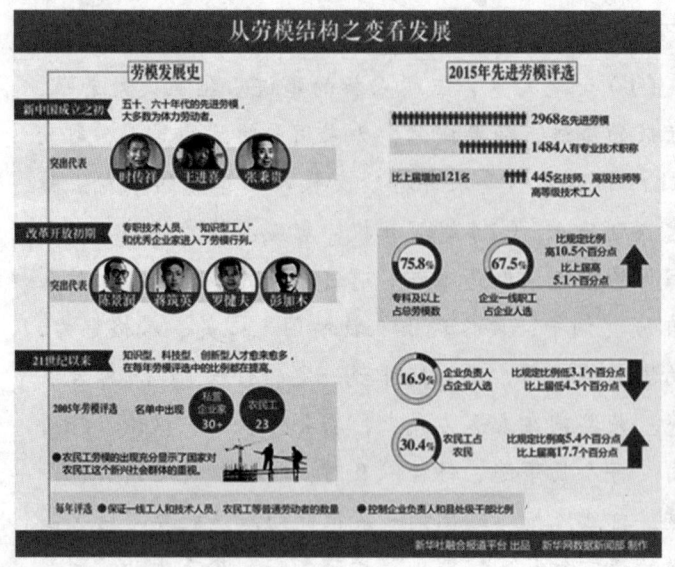

图 19-1 从劳模结构之变看发展（图片来源：新华社）　　图 19-2 生涯邮局（图片来源：丽水中学）

2. 给二十年后的自己写一封信，要求信的内容紧扣"我的劳模梦"主题，信封写明丽水中学第几届学生何班何姓名，并投递到丽水中学生涯邮筒。

融合成果

利用班团课，各班级展示"我心目中最美的劳模""最美劳模颁奖词"和"我的劳模梦"成长规划书，并进行评比。

1. 各小组派代表展示并讲述"我心目中最美的劳模"，充分利用多媒体设备，可由一人或多人同台讲述展示，由评委小组（由各小组各派 2 名代表组成）对所有小组的展示进行点评。

2. 各小组派代表通过多媒体设备展示"最美劳模颁奖词"，由评委小组（由各小组各派 2 名代表组成）对所有小组的展示进行点评。

3. 全体同学展示"我的劳模梦"成长规划书，由评委小组（由各小组各派 2 名代表组成）对所有规划书进行投票表决（评分标准详见表 19-3），评选出一、二、三等奖。

表 19-3 "我的劳模梦"成长规划书评分标准

评分要素	评分要点	具 体 描 述
职业规划设计书内容（60 分）	自我认知	1. 自我分析清晰、全面、深入、客观，对自身优劣势认识清晰 2. 综合运用各类人才测评工具评估自己的职业兴趣、个性特征、职业能力和职业价值观 3. 能从个人兴趣、成长经历、社会实践和周围人的评价中分析自我

续 表

评分要素	评分要点	具 体 描 述
职业规划设计书内容（60分）	职业认知	1. 了解社会整体就业趋势与大学生就业状况
		2. 对目标职业的行业现状、前景及就业需求有清晰了解
		3. 熟悉目标职业的工作内容、工作环境、典型生活方式，了解目标职业的待遇、未来发展趋势
		4. 清晰了解目标职业的进入途径、胜任标准以及对生活的影响
		5. 在探索过程中应用文献检索、访谈、见习、实习等方法
	职业决策	1. 职业目标确定和开展路径设计符合外部环境和个人特质（兴趣、技能、特质、价值观），符合实际，可执行、可实现
		2. 对照自我认知和职业认知的结果，全面分析自己的优、劣势及面临的时机和挑战，职业目标的选择过程阐述详尽，符合逻辑
		3. 备选目标要充分根据个人与环境的评估进行分析确定，备选目标职业发展路径与首选目标发展路径要有一定相关性
		4. 能够正确运用评估理论和决策模型做出决策
	方案与路径	1. 行动方案要发挥本人优势、弥补本人劣势，具有可操作性
		2. 近期方案详尽清晰、可操作性强，中期方案清晰、具有灵活性，长期方案具有导向性
		3. 职业发展路径充分考虑进入途径、胜任标准等探索结果，符合逻辑和现实
	自我监控	1. 科学设定行动方案和职业目标的评估方案，标准和评估要素明确
		2. 正确评估行动方案实施过程和风险，制定切实可行的调整方案
		3. 方案调整依据个人与环境评估分析确定，并考虑首选目标与备选目标间的联系和差异，具有可操作性

续　表

评分要素	评分要点	具体描述
参赛作品设计思路（40分）	完整性	内容完整，对自我和外部环境进行全面分析，明确提出职业目标、发展路径和行动方案
	逻辑性	职业规划设计报告思路清晰、逻辑合理，能准确把握职业规划设计的核心与关键
	美观性	结构清晰，版面大方美观，创意新颖

4. 将录制的班团课活动视频加工后，在家长群及班级群展出。

第 20 课
最光荣：访劳模·探职业

（庆元菇农　该图片由出镜人刘东明提供）

融合引语

浙江丽水，九山半水半分田，是二百多万人民共同为之奋斗的家园，在这里，有无数勤劳的人民依靠自己的双手创造了一个又一个奇迹。我们生于斯，长于斯，也应该更深入地认识她。让我们一起通过一些研究性学习活动更加准确认识我们的家乡。

融合教材

统编普通高中语文教科书必修（上册），第四单元《家乡文化生活》，人民教育出版社，2019年8月第1版。

融合任务

丽水劳模访谈或丽水特色职业调查，任选其一，小组合作完成。

融合活动

活动一：丽水劳模访谈

秀山丽水，养生福地。在这里，有那么一群人，他们不忘初心、牢记使命，坚守着心中的那份执念；在这里，有那么一群人，他们不惧困难，将青春的热血铺洒在这块熟悉的土地；在这里，有那么一群人，他们用惊人的毅力和干劲向世人证明自己的决心。他们，就是为我们丽水的发展献策献力的劳动者们，爱国、敬业、甘于奉献、淡泊名利……这些饱含中华民族优良传统，充分体现了社会主义核心价值观，已经像血液一样在他们的身上自然流淌。为真情走进丽水劳模们深邃而崇高的精神世界，切身感受伟大的劳模精神对于构建社会主义核心价值体系的重要意义，请参考活动提示，采访丽水劳模，写一篇《丽水劳模传记》。

图 20-1　浙江消防（图片来源：丽水中学）　　图 20-2　浙江消防（图片来源：丽水中学）

【活动提示】

访谈前：

1. 确定好访谈主题、目的。
2. 确定好访谈对象并征得访谈对象的同意。
3. 了解访谈对象的生平和主要事迹。
4. 精心思考，敲定探讨问题，拟定访谈提纲（表 20-1、表 20-2）。

5. 问题设计要紧扣目的，清晰具体；问题具有层次性；符合被访者的知识水平和习惯。

表 20-1　访谈提纲

访谈主题			
访谈成员		访谈时间	
受访人基本情况	（姓名、性别、年龄、工作单位、工作岗位等）		
访谈目的			
访谈提纲	1. 2. 3. 4. ……	访谈记录	1. 2. 3. 4. ……
访谈照片			
访谈结果			

表 20-2　访谈提纲设计评价表

要素	评 价 标 准	分值	得分
主题	紧扣访谈目的、思考深入，有时代性、现实性	15	
问题	紧扣主题，有针对性；问题合理，有层次性；内容充实，有覆盖性；注重技巧，有开放性	60	
逻辑	环节紧凑相扣，条理清晰； 问题由浅入深，引导性强； 现场情况预设，思考周全	10	
表达	语言准确，表意到位； 简洁有情，语句流畅； 口语化，拉近距离	15	
总分			

访谈中：

1. 尽可能营造轻松愉快的访谈氛围。
2. 提问要清晰明确，忌不知所问或含糊不清。
3. 交流中注意倾听访谈对象的回答，并及时给出回应。
4. 记录要忠实、准确，可以采用录音或录像的方式记录访谈过程，但需要事先征得访谈对象的同意。

访谈后：

1. 及时整理访谈记录，整合访谈内容。
2. 完成《丽水劳模传记》的撰写。

劳动链接：

1. 人物名录——浙江省"五一劳动奖章（奖状）"获得者

【唐骁】 男，1990年7月出生，汉族，四川广安人，大学本科学历，浙江缙云抽水蓄能有限公司工程部项目管理人员。通过开展标准工艺应用、质量通病防治培训、引进大型湿喷机、引进单臂锚杆台车、开展技术比武等举措改变工程施工困难、提高工程安全质量。组织和参与的两项QC活动均获2019年电力建设质量管理小组活动成果三等奖。2020年9月，获浙江省"五一劳动奖章"。

【浙江丽水瓯江风情旅游度假区管理委员会】 浙江丽水瓯江风情旅游度假区管理委员会负责古堰画乡小镇的管理工作。2015—2019年，累计完成固定资产投资38.76亿元，开发1 026亩空间（亩均投入达到318.6万元），建成画乡风情商业街、中国江南巴比松、隐居画乡等一批产业类项目，建设集游客接待、旅游展示等功能的小镇客厅。全国300家高等院校在此建立艺术教育实践基地，年接待写生创作人数15万人次，长期在此创业的创客310余人，油画年产值1.2亿元，获"中国美术家协会写生基地"。与省金控公司和丽水市生态产业基金合作，组建古堰画乡旅游投资有限公司，成为小镇投资、建设、管理等工作的最主要平台。探索PPP、基金等融资方式。2015—2019年，小镇非国有投资22.1299亿元。2019年9月，莲都古堰画乡小镇入围第三批省级特色小镇，系全市首个通过省级验收命名的特色小镇。2020年9月，获浙江省"五一劳动奖状"。①

2. 人物名录——浙江省"五一劳动奖章（奖状）"获得者、丽水市劳动模范

【陈庚】 男，汉族，1985年12月出生，湖北武汉人，硕士研究生学历，中共党员，2012年7月参加工作，现任浙江汉威阀门制造有限公司技术中心主任。起草和编制《砂型/蜡模铸造工艺规程》《阀门精密加工工艺规程》《阀门研发抛光工艺规程》等多项工艺规程，填补企业空白。获国家发明专利3项，实用新型专利22项，浙江省级科技成果17项，填补了国内在"新型耐磨铁碳硼耐磨合金钢阀门"以及"三向同步驱动阀门"等方面的技术空白，为企业年增加产值8 000余万元，为地方增加税收700余万元。2013年4月，获丽水市第五届"金锤奖"，被授予丽水市十大优秀职工称号；2016年4月，获丽水市"五一劳动奖章"；2017年4月，获浙江省"五一劳动奖章"，同时被授予"丽水市劳动模范"称号。

【叶火香】 女，汉族，1970年10月出生，浙江松阳人，本科学历，民革党员，现任松阳县农业局茶叶产业办公室副主任。从事基层农业技术推广工作26年。2011年始，举办培训班现场会46期，培训茶农3 100余人次，送科技下乡咨询服务9次，受咨询茶农近800

---

① 丽水史志网. 人物名录——浙江省"五一劳动奖章（奖状）"获得者［EB/OL］.（2022-05-07）［2024-03-15］.http://lssz.lishui.gov.cn/art/2022/5/7/art_1229634360_6793.html.

人次，发放技术资料4 500份。举办松阳茶师专题培训，2014—2016年，培训茶师2 221人，其中高级工培训765人次，通过国家职业技能鉴定，1 984人获职业证书。近五年主持或参与的20余个项目，在茶树良种的筛选和技术推广、茶树病虫害绿色防控等方面开展技术集成、示范及研究推广。主持或参与的4项成果获省科技成果登记，获11个奖项。2013年12月，入选农业部万名农技推广骨干人才；2014年8月，获浙江省科技成果转化推广奖；2015年2月，入选丽水市第九届拔尖人才；2016年5月，获丽水市"农村金融改革工作先进个人称号"；2017年4月，获浙江省"五一劳动奖章"，同时被授予"丽水市劳动模范"称号。

【周英梅】 女，汉族，1971年7月出生，浙江景宁人，初中学历，1987年11月参加工作，现为景宁畲山凤民族工艺品开发有限公司职工。她注重学习、传承和革新，在同行中脱颖而出，备受业界好评和认可，成长为单位技术能手和业务骨干。她把传统手工刺绣花样设计为电脑刺绣，提高了生产效率；将盘扣绕线、用花边或双色布做出蝴蝶、梅花等各种形状的盘扣，使畲族服饰具有传统美感和时尚造型。2015年，获"全国优秀农民工"称号；2017年4月，获浙江省"五一劳动奖章"，同时被授予"丽水市劳动模范"称号。

【刘勇武】 男，汉族，浙江缙云人，1976年12月出生，中共党员，本科学历，现任缙云县长坑小学校长、党支部书记。他投身新课程改革，开发拓展性课程，实践农村特色的素质教育。主编《山花烂漫——一群理想主义者的乡村教育实践》专著1本，在国家、省级核心刊物发表文章10余篇。主持研究的课题获全国少先队学会"十二五"规划课题成果特等奖，此外还有4项课题在国家、省市获奖，3项德育工作案例获省级奖项。曾受邀到国家教育行政学院做专题讲座1次，为教育部农村校长助力工程培训班做讲座1次，30余次受邀在省级各类培训班做专题讲座，讲授县级以上观摩课、研讨课10余节。2008年1月，获浙江省第二届新农村建设十大优秀带头人金牛奖；2014年9月，获浙江省特级教师；2014年10月，获评浙江省农村义务教育第一届杰出校长；2015年12月，获"浙江好人"称号；2017年4月，获浙江省"五一劳动奖章"，同时被授予"丽水市劳动模范"称号。

【绿水股份有限公司】 绿水股份有限公司位于浙江省青田县侨乡工业园内，现有员工140余人，是一家集环保机械装备研发、设计、制造、销售为一体的企业。年产离心机达200台，于2016年4月在新三板正式挂牌，主导产品通过欧盟CE认证、"浙江制造"品牌认证；产品销往全国各地，并出口欧盟、东南亚等国家和地区。公司建成污泥干化焚烧和卧螺离心机研发平台，成功研发多种高新技术产品，获国家授权实用新型及发明专利近50项。2011年9月，被评为浙江省名牌产品；2014年9月，被评为国家级高新技术企业；2015年12月，获浙江省科技进步三等奖；2016年1月，被评为浙江省信用管理示范企业；2017年4月，获浙江省"五一劳动奖状"。

【缙云县大洋学校】 缙云县大洋学校是一所九年一贯制学校，创建于2004年9月，由原大洋中学和前村小学合并而成。学校现有20个教学班，在校生1 078人，教职工72人。近年，大洋学校建立并规范管理制度，促进教育教学工作提升。2015学年，大洋学校获丽水市初中教学质量管理进步奖，初中教学增量评价排在全县十所初中学校第二名。2016学年，学校初中数学、科学学科学能测试平均分排在全县初中学校的第一名，初中增量评价排在全县第三名。大洋学校以环保教育与根雕艺术为两大特色教育体系，培养学生环境保护意识、审美能力、创造能力、动手能力。2014年8月，被评为"三育人"先进集体；2014年10月，被评为市书香校园；2016年9月，获丽水市初中教育质量管理进步奖；2016年11月，被评为省绿色学校；2017年4月，获浙江省"五一劳动奖状"。[1]

---

[1] 丽水史志网.人物名录——浙江省"五一"劳动奖章（奖状）获得者丽水市劳动模范［EB/OL］.（2019-01-21）［2024-03-15］.http://lssz.lishui.gov.cn/art/2019/1/21/art_1229431290_4221.html.

活动二：丽水特色职业调查

水灵灵的丽水，水灵灵的美。这里的每寸土地都蕴藏着文明和宝贝。八百里的瓯江孕育出了青田石雕、庆元香菇、龙泉青瓷、松阳茶等丽水特产，也成就了一批又一批丽水特色职业人。参考活动提示，以小组为单位，通过访谈、考察等方式了解丽水特色职业现状，撰写《丽水特色职业调查报告》。

【活动提示】

调查前：

1. 确定好调查的特色职业。丽水特色职业有：庆元菇农、松阳茶农、景宁惠明茶农、景宁畲乡红曲酒酿酒师、缙云烧饼师傅、缙云米仁种植人、青田石雕工艺美术师、龙泉青瓷工艺师、龙泉灵芝种植人等。

2. 依据实际情况选择合适的调查方法，制定调查计划，规划调查路线，确定调查重点，完成小组任务分工。

• 小贴士 •

调 查 方 法

问卷调查法、文献调查法、实地观察法、访谈调查法、抽样调查法、统计分析法、专家调查法、会议调查法、典型调查法、文献调查法等。

调查中：

1. 端正调查态度，以饱满的热情、艰苦深入的作风和实事求是的态度展开调查。

2. 小组成员依据调查计划分工实施调查活动。

3. 认真观察，及时记录，保留第一手材料（又叫原始资料，指从亲身实践或调查中直接获得的材料），并记录资料来源。

调查后：

1. 调查完毕及时进行调查资料的整理、分类、核实工作，发现遗漏的地方，再做调查补充。

2. 对资料进行深入挖掘分析，对丽水特色职业现状有自己的认识和思考，完成调研报告。

3. 调查报告侧重用事实说明问题，主要通过事实说明其观点，对调查对象做出评价，阐明其意义，或从总结点上的经验入手，讲明某个道理（表20-3）。调查报告的内容要有针对性、真实性、典型性、翔实性，语言简单平实、科学严谨、叙议结合。

表 20-3　调查报告结构表

标题	1. 单标题。可以是公式化写法，按照"调查对象＋调查课题＋文体名称"的公式拟制标题，也可以是常规文章标题写法 2. 双标题。由正副标题组成，其中正标题一般采用常规文章标题写法。副标题则采用公式化写法，由调查对象、调查课题、文体名称组成
调查内容	调查时间、调查地点、调查对象、调查方法、调查人、调查分工
摘要	简单概括报告内容，指明调查目的
关键词	报告的中心内容，有实质性意义的词汇
前言	阐明调查的意义，简要介绍调查的目的及方法
主体	1. 调查的背景和目标 2. 调查实施步骤和方法 3. 调查内容与具体信息分析
结语	总结调查内容，对主体部分内容进行概括、升华，明确主题，或指出问题、启发思考，或针对问题提出建议
参考资料	罗列参考的文献资料及其来源

（具体撰写报告时可以适当调整内容。）

【调研参考】

丽水特色职业之庆元菇农

庆元香菇又称花菇。据考，人工栽培香菇始于南宋，相传系生于建炎四年（1130）的庆元县一位名叫吴三公的农民发明。1989年，经国际热带菌类学会主席张树庭教授考察研究，确认庆元是世界人工栽培香菇技术的发祥地，并亲笔题写了"香菇之源"匾额。1992年7月，台湾大学植物系教授李瑞青一行来庆元考察后，亦认定香菇技术的发祥地是在中国而不是日本。

2022年11月4日，"浙江庆元林-菇共育系统"成功通过专家评审，正式获批入选全球重要农业文化遗产（GIAHS）保护名录。该系统因其拥有最完整香菇栽培技术演化链，被称为名副其实的香菇栽培技术"活态博物馆"和中国重要的菌物资源库，为世界山区森林保育、林下经营、食用菌栽培以及山区多功能农林业发展提供了示范，是全球唯一一项以食用菌为主的农业文化遗产。

图20-3　庆元菇农（图片来源：刘东明）

香菇与庆元人民的生产生活息息相关，是庆元人民脱贫致富的法宝。

调研内容：

1. 采用文献调查法，追溯庆元香菇的历史文化渊源（参观庆元香菇博物馆）。

2. 采用实地考察法，深入香菇生产基地，了解香菇生产的基本流程（实地考察农户的香菇大棚和庆元香菇小镇香菇市场）。

3. 采用专家访谈法和问卷调查法，采访专家、科技示范户、个体农户，了解菇农生产生活现状以及当前香菇市场基本状况。

访谈问题：

1. 一个香菇棒的成本大概是多少？近些年的成本走势如何？

2. 一个香菇棒大概能够产生多少收益？近些年收益走势如何？

3. 一对夫妻双方均为劳动力的家庭在正常情况下一年大概可以栽培多少香菇棒？

4. 香菇棒的"烂棒"率大概是多少？

5. 一年中香菇生产的劳动时间大概是多久？

6. 香菇棒的生产过程中有什么困难之处？如何解决？

7. 对香菇生产或销售产生影响的因素有哪些？

8. 乡里或者政府方面是否有什么扶持政策？

9. 在生产销售过程中是否采用什么科技手段？

10. 香菇的销售市场如何？销售趋势近些年有些什么变化？

11. 香菇销售季节性价格波动情况如何？

12. 您对香菇产业的发展有什么建议？

调研问卷：

关于庆元菇农生产生活现状的调研问卷

1. 您的性别？

    A. 男　　　　　B. 女

2. 您的年龄？

    A. 18 岁以下　　B. 18—30 岁　　C. 31—50 岁　　D. 51 岁以上

3. 您的户籍所在地？

    A. 城市　　　　B. 农村

4. 您是否为庆元人？

    A. 是　　　　　B. 否

5. 您的居住地情况？

    A. 长期居住在庆元　　　　　B. 长期居住在外地

    C. 在外地和庆元的时间差不多

6. 您是否从事香菇产业或者其他食用菌种植行业？

    A. 是　　　　　B. 否

7. 您家庭中从事香菇产业的人员数为？

    A. 1 人　　　　B. 2 人　　　　C. 3 人　　　　D. 4 人以上

8. 您家庭中一年的香菇产业收入大概是？

    A. 低于 5 万　　B. 5—10 万　　C. 10—15 万　　D. 15 万以上

9. 您家庭中一年从事香菇产业耗费的时间成本大概是？

    A. 少于 4 个月　B. 4—6 个月　　C. 6—8 个月　　D. 8 个月以上

10. 您认为现在的香菇生产方面还存在哪些问题？

    A. 种植人员老龄化严重

B. 菌种"杂、乱、散"问题突出

C. 政府扶持力度不够

D. 原材料匮乏

E. 生产技术更新

F. 生产贷款问题

G. 其他_____

11. 您认为现在的香菇销售方面还存在哪些问题？

   A. 市场供大于求

   B. 市场价格偏低

   C. 国内市场竞争日益激烈

   D. 产业链结构不完整

   E. 其他_____

12. 近五年香菇销售市场价格趋势如何？

   A. 一直涨　　　B. 一直跌　　　C. 先涨后跌

   D. 先跌后涨　　E. 波动不定

13. 您认为庆元香菇市场的优势是什么？（多选）

   A. 国内市场需求大

   B. 海外市场不断扩张

   C. 生产经营结构不断优化

   D. 从业人员年轻化

   E. 政府扶持政策力度大

   F. 其他_____

14. 您认为庆元香菇市场发展前景如何？

   A. 非常好　　　　　　　B. 发展空间较好

   C. 发展前景有限　　　　D. 没有发展前景

劳动链接：

弘扬传统文化，扮靓现代生活
——济南市历城区民间扮玩队伍调查报告

陈　芳

元宵节是我国重要的传统节日之一，扮玩活动是元宵节民俗的重头戏，也是最受群众欢迎的文化活动之一。本文以历城区扮玩队伍为调查对象，通过史料查询、问卷调查、电话采访、实地查看等形式，对历城区扮玩队伍进行了初步调查。

1. 历城区扮玩的历史渊源

历城区自西汉初设县，距今已有两千多年的历史，行政区划虽几经变迁，但管辖范围仍极为广泛。悠久的历史，广袤的地域，滋生了民间丰富多彩的扮玩艺术。据县志等史料记载，直到20世纪80年代，历城区扮玩还有舞龙、舞狮、高跷、抬芯子、梆鼓秧歌、跑旱船、寸子、四蟹灯、竹马灯、蛾子灯、云彩灯、云鹤灯、哨子棍、打花棍、秧歌等多种娱乐形式。这些活动大多自古有之，除了源于明朝的抬芯子和源于清朝的梆鼓秧歌外，大部分队伍说不清自己具体的历史传承年限，而打花棍、秧歌则是中华人民共和国成立后兴起的。

不同于戏剧、曲艺、杂耍等其他民间艺术，历城区民间的扮玩艺术，基本都是基于正月十五元宵节传承和发展的。元宵节始于汉代，从宫廷到民间，一直有放焰火、赏花灯、猜灯谜、举办"灯会"的习俗。所以，历城区灯会上的各种扮玩活动又被称为"玩灯"。

每逢元宵节，一般是正月初十前后，历城区大街小巷就响起了此起彼伏的锣鼓声。各个村庄的扮玩队伍不约而同地搬出了封存一年的各种乐器、道具，换上戏装，画上妆面，先在家门口排练一两天，磨合一下队伍，然后就开始到周围十里八村走街串巷演出。活动一直持续到正月十六，收了灯，收拾好服装、道具等各种器物，人们才纷纷投入到正常的生产活动中去，"年"才算过完。

2. 历城区扮玩的特点

（1）活动时间集中在元宵节期间，有特定的时间限制

扮玩活动作为历城区元宵节民俗活动的重要组成部分，早则正月初七、初八开始，晚则正月十一开始，具体时间视各村庄队伍的组织情况而定。活动高潮在正月十五和正月十六两天，正月十六"卸灯"之后活动结束。

玩灯（扮玩）同吃元宵一样，带有深深的节日烙印，是元宵节的特定娱乐活动。这种一年一度的时间限定性，凸显了节日特色，提高了民众对扮玩活动的好奇和期待，也是扮玩活动广受群众欢迎的重要原因。

（2）群众参与度高，涉及面广

元宵节扮玩活动是历城区群众参与度最高的民俗活动，可谓全民狂欢。尤其是20世纪60年代中期前，几乎每个村子都有扮玩队伍。一支扮玩队伍包括打旗人、锣鼓队、演员、替补演员、后勤人员，多则二三百人，最少也有二三十人。男女老少齐上阵，所到之处，观众一路尾随，声势浩大，热闹非凡。

值得注意的是，近年来，扮玩队伍中女性比例有所上升。除了原本就以女性演员为主的秧歌、跑旱船之外，抬芯子、舞龙等原本以男性为主导的活动中也出现了越来越多的女性身影，她们也承担着体能消耗较大的演出任务。究其原因，一方面，有女性社会地位和自主意识提高的因素；另一方面，也是因为农村缺乏青壮劳动力，元宵节前大部分青壮年男性已经恢复了正常工作，没有时间或者兴趣参与扮玩活动。

（3）活动平台多样化

目前，历城区扮玩队伍的活动平台根据主办方和活动形式大致可分为三类。

一是每支扮玩队伍自行开展的走街串巷演出，活动范围在本村和周边村庄。

二是以某个村庄为中心，周围各村庄自发组织的"会灯"活动。会灯一般选在当地农贸集市开市时间，人们一为赶集，二为观灯，人潮涌动。各村扮玩队伍在集市上依次演出，也带有切磋较量的竞赛意味。历城区地域广阔，几乎每个街道和镇都有会灯活动，荷花路街道的坝子集会灯、遥墙街道（现归高新区管辖）的遥墙集会灯、港沟地区的会灯等，多年来享有良好口碑。

三是由区直文化部门举办的民间艺术展演。自20世纪80年代开始，历城区民间艺术展演已经举办了近30届。每年元宵节，各街镇选送的扮玩队伍汇集城区广场表演，吸引了众多城区居民，多年来已经形成品牌效应，影响力较大。

（4）以开放性的地缘传承为主要传承方式

不同于其他民间艺术门类的家庭传承、师徒传承方式，历城区的扮玩艺术基本都是以地缘传承方式流传下来的。一个队伍的老把式由于年老力衰渐渐不能承担扮玩任务，就会在周围街坊乃至全村中物色年轻一辈重点培养，给他们讲解习俗、禁忌和动作要领，带他们演练，直至年轻人能接替自己上场，完全没有"秘不外传"的禁忌。当然，因为耳濡目染的关系，一个家庭内的子侄辈在传承上更具优势。

而一支队伍演出水平的提升，除了队伍内部演员自己的精益求精和进取创新外，还有一种方式就是在"会灯"中学习吸收。"会灯"是各类扮玩队伍大展风采的重要舞台，也是同类扮玩活动同台竞技、交流切磋的重要机会。许多队伍就是在"会灯"过程中不断借鉴其他队伍在技艺、队形、装扮等方面的长处，从而改进了自己的演出。

这种开放的地缘传承方式，既保证了各类扮玩队伍后继有人，又可以取长补短不断提升本队伍的艺术水准和观赏性。

3. 历城区扮玩现状及存在问题

（1）扮玩队伍后继乏人

改革开放后，传统文化重新得到重视，20世纪60年代中期，一度销声匿迹的扮玩活动重新活跃起来，大多数村子都有自己的队伍，甚至有些村的每个生产队都能组织一支队伍。但是，随着经济发展大潮不断涌动，农村青壮劳动力纷纷外出打工，传统的农闲时间不复存在。于是，原本出于民众自发性的扮玩活动渐渐无人组织，尤其是舞龙、舞狮这类对演员体能要求较高的活动，也面临后继无人的困境：现有演员年龄偏大，受身体限制也影响了演出水平。

另外，近年来城市规划变迁、村庄拆迁整合，迫使原来的街坊邻居分散各处，也在客观上阻碍了原有扮玩队伍的持续发展。

（2）扮玩项目种类缩减

目前，历城区扮玩已不复20世纪80年代的盛况，很多项目如寸子、四蟹灯、竹马灯、蛾子灯、云彩灯、云鹤灯、哨子棍、打花棍等已经无人再演。目前依然活跃的舞龙、舞狮、高跷、跑旱船、秧歌、抬芯子和梆鼓秧歌等也只有一两支队伍在表演。其中有人员不足的因素，但更重要的原因是消失的演出项目大多是行进式走场表演，节奏较慢，形式单调，已经不符合现代的快节奏生活方式和审美。

（3）活动经费的来源与收益分配

当前，民间扮玩队伍的活动经费来源有四个渠道：一是当地村民和企业自发捐款赞助，二是在演出过程中得到的赏钱（或是烟酒等实物），三是本村村委会给予的经费补助，四是参加官方演出得到的演出补助。

前两个渠道是经费的主要来源；村委会补助依各村集体经济条件而定，经济困难的村子无此项补助，富裕的村子每年补助几千到几万元不等；官方补助，主要是区直文化部门的补助，只针对参加本区民间艺术展演的十余支队伍发放，覆盖面较小。

元宵节结束后，扮玩队伍的组织者会盘点所有经费，扣除服装、道具、乐器、交通、餐饮等林林总总的费用，再根据每个演员包括后勤人员的工时和表现分配现金或实物。

4. 保护建议

政府部门要发挥积极作用，营造保护传承优秀传统文化的氛围，激发群众参与活动的积极性和自觉性，鼓励、扶持群众队伍的建立发展。同时，也要保持民间传统文化的原生态，不能过多使用行政手段干预，从而使民间艺术"变了味"。笔者针对历城区民间扮玩队伍的现状及存在问题，提出以下几条建议：

（1）充分发挥扮玩队伍主事人（组织者）的积极性和能动作用

主事人（组织者）对一支队伍兴衰有着至关重要的作用。由于扮玩队伍是由群众自发性组建的，有很大的不稳定性，很多时候，仅仅是主事人的个人原因，一支往年极其活跃的队伍就有可能突然停止活动。主事人一般是对元宵节扮玩习俗和流程都比较熟悉的"老把式"，具有丰富的组织、管理、协调和演出经验。扮玩队伍在元宵节期间的组建、活动和解散，倾注了主事人的极大心血，而且他们的辛苦付出都是没有报酬的。

政府部门应加强对队伍组织者的宣传引导，给予必要的鼓励和奖励，充分发挥扮玩队伍组织者的积极性和能动作用，保证扮玩队伍每年顺利组建且有序传承下去。

（2）鼓励官方和民间的交流展示平台共同发展

如前所述，扮玩队伍的活动平台，大体可分为民间和官方两种：

① 民间的演出。演出流程完整，演出时间也比较长，观众可以了解扮玩活动的全貌，但容易形成审美疲劳。

② 官方的展演。因为演出时间所限，仅能给较少队伍以演出机会，且每支队伍只能表演精华部分，这对完整民俗事项的展示是非常不利的。以扮玩活动中最常见的舞龙为例，根据习俗，正月十一（每支队伍时间不一致）起灯前有"取水"仪式，正月十六卸灯后有"送水"仪式，这在一天甚至一个上午的集中展演中是无法体现的。现场观众只能看到舞龙的精彩装扮和动作，却无法了解扮玩艺术背后的历史传承和文化内涵。

民间和官方的演出平台各有长短、相辅相成，最好的办法是各展所长、共同发展，切忌以一方取代另一方。

（3）举办基础技能培训

民间自发组织的扮玩队伍，演出水平一般不是特别出色，其他相关的化妆技能、乐队演奏水平也相对欠缺。文化部门可通过公益性的化妆班、传统舞蹈音乐培训班等形式，对扮玩队伍的骨干力量进行相关培训。但与此同时，也要提醒队伍保持自己的特色，避免百龙一舞、千人一面。

（4）注重培养青少年的兴趣，培养民间艺术接班人

民间扮玩队伍有着广泛的群众基础，对青少年儿童也有着天然吸引力，许多秧歌、大头娃娃队伍中也有不少儿童角色，参加演出是许多人孩提记忆中难忘的经历，如2017年东邢村的高跷队参加历城区民间艺术展演，虽然出于安全考虑没有让儿童踩高跷，但是安排了几个小孩扮演成猴子猴孙跟随踩高跷的孙悟空满场活动，活泼灵动，情态可掬，不仅吸引了观众的极大注意，也惹得现场的同龄人羡慕不已。

在今后的活动中，政府要鼓励引导扮玩队伍吸纳更多的青少年参与，给他们安排角色，从小培养他们对传统文化的兴趣和热爱，为优秀的民间艺术培养接班人。

5. 结语

源远流长、丰富多彩的扮玩活动是传统文化中极为出彩的组成部分，在活跃群众精神文化生活、营造欢乐祥和的传统节日氛围、加强乡邻感情联系、凝聚乡村振兴力量等方面具有不可替代的作用。政府、社会各界和个人都有责任去保护它，保护我们的精神家园。

（选自《人文天下》2018年7月刊）

附件：
学科教学与劳动教育融合课程纲要

一、课程目标

1. 了解劳动者及其事迹、精神，深化劳动情感；
2. 强化劳动表达，在实践中感悟劳动精神的可贵；
3. 体会劳动的价值和意义，树立新时代的正确的劳动价值观。

二、内容框架

板块	内容	学科
最珍贵	劳动价值	政治
最美好	劳动观点、态度	语文、英语、政治、历史、美术、音乐
	劳动中的科学思维	数学、物理、化学、生物、地理
	劳动技能的实操	技术、体育
最光荣	家乡劳模与特色职业	综合

三、课程实施建议

1. 发挥各科课程的独特功能，积极探索各自学科与劳动教育融合的教学点

语文、政治、历史等以思想价值培养为主的学科，在教学中应积极探索劳动教育教学内容的价值取向，发挥课程的熏陶感染作用，树立正确的劳动价值观；数学、物理、化学等以思维方式培养为主的学科，在教学中应注重结合相应教学内容，通过对学生劳动知识的普及和科学思维的训练，帮助学生在理论指导的基础上有序开展劳动生活；信息技术、通用技术、体育等以问题解决和实践操作为主的学科，在教学中应积极创设劳动教育相关活动情境，整合知识与技能的学习。

2. 结合各自学科特点，设定劳动教学目标

从各学科与劳动教育融合的教学点出发，思考学科核心素养与劳动在教学中的孕育点、生长点，注意学科核心素养与劳动和具体教学内容的关联，关注学科核心素养及劳动在教学中的可实现性，研究其教学内容和教学过程的具体方式及载体，在此基础上确定教学目标。

3. 创设劳动教育学习情境，开展自主、合作、探究学习

基于学科核心素养的教学活动要把握学科的本质，创设合适的劳动教育教学情境，引导学生广泛、深度参与劳动教育的学习。教师应积极引导学生在解决问题的同时理解本质，促进学生学科素养的形成和发展。合理利用信息技术，优化整合课堂教学，促进知识的迁移与运用。注意引导学生在自主学习的基础上，学会倾听与分享、沟通与协作，掌握探究学习的方法，提高实践和创新能力。

四、课程评价建议

1. 着眼于学科核心素养的整体发展或达成

在具体的学习情境和活动任务中，全面考查学生核心素养的发展情况。课程评价要综合发挥检查、诊断、反馈、激励、甄别、选拔等多种功能。不仅要关注学生外在的学习结果，更要关注内在的学习品质。注重对教学情境设计和学生活动创设的评价。

2. 评价主体多元化

评价过程面向全体学生，尊重学生的主体地位。评价要注重展示学生自我发展的过程，在保证基本目标达成的基础上，评价要考虑学生的个体差异，关注学生的不同兴趣、表现，满足不同发展需求。在具体的学习任务评价中，提供细致的描述性反馈，提出具有操作性的建议，引导学生通过评价反馈，调整学习进程，梳理学习方法，确定学习目标，制定学习规划。鼓励学生、家长、教师、教学管理人员等参与课程评价。利用不同主体的多角度反馈，帮助学生学会自我监控和管理。学校应创造条件，引导学生参与多种评价，建构学习与评价的共同体，学会持续反思、终身学习。

3. 评价方式多样化

教师根据实际需要，整合诊断性评价、形成性评价、终结性评价等多种评价方式，考查学生学科核心素养的发展或达成情况。可采用纸笔测试、现场观察、对话交流、小组分享、自我反思及自评、他评、教师评、家长评等多种评价方式，提高评价效率，增强评价的科学性和可靠性。对学生的评价，既要有对基本目标的确定性要求，确保底线，也要注意以恰当的方式对希望继续提高的学生予以引导。还可以合理运用信息技术，丰富学生的表现性评价，形成多样化的学生成长记录，全面而科学地衡量学生的发展。

后记：风起于青萍之末，浪成于微澜之间

从教二十多年以来，我们一直在寻求"师也者，教之以事而喻诸德者也"之道。为人师者要注重德才兼备，不仅要授学生"谋事之才"，更要传学生"立世之德"。很多时候，听到渗透着思想政治教育的课堂教学，总由衷欣喜。

我们的学科融合劳动教育实践研究，源起 20 世纪 90 年代的丽水中学"学农基地"。那时，我们带着学生诵读"采采芣苢，薄言采之"、拔草、锄地、采摘……一直在欢笑。在"乱花渐欲迷人眼"的时代，我们幸运地遇见一大批志同道合的老师，并开始思考如何在学科教学中融入劳动教育。

为什么是"最珍贵、最美好、最光荣"三个部分？

最珍贵：我们期待通过思想政治学科，从现有的教材中析出相关的主题与内容，然后结合社会现实与事件，分析并讨论劳动的价值，让学生懂得"劳动创造人、劳动创造财富、劳动创造美好生活"的道理，牢固树立"劳动最光荣、劳动最崇高、劳动最伟大、劳动最美好"的新时代劳动价值观。

最美好：我们从学科维度入手，梳理学科体系中的劳动教育因素，将学科知识与劳动技能融为一体。让学生在学习学科知识的同时，体验不同学科的劳动话语；在体悟具体劳动情境的同时，弘扬开拓创新、砥砺奋进的时代精神，强化劳动表达。

最光荣：我们围绕"家乡劳动实践"展开研究性学习，通过调查活动，让学生了解劳模的品质特征与职业精神，明确特殊职业工种，关注劳动生活，加深对劳动的认识，进而形成自己的职业理想。

风起于青萍之末，我们的融合教学，虽然只是一节节课、一次次调查、一场场实践活动，但我们旨在打破学科间的壁垒，引导学生在亲力亲为中理解和掌握劳动知识，形成尊重劳动、热爱劳动的良好品质，促进全面发展。

我们是怎么做的？回首学科融合的历程，我们结合学情，将劳动教育的理念融入各学科的教学实践中。比如，在生物课上，我们将植物种植、养护等劳动实践活动与生物生长规律相结合，让学生在亲自动手的过程中理解生命的奥

秘；在物理课中，通过制作简易机械装置，引导学生在劳动创造中领悟力学原理；在语文课上，组织学生参与教室环境美化活动，从而激发他们对诗词歌赋中描绘的劳作之美有更深刻的体验。这种跨学科的融合，使学生们不再孤立地接受知识灌输，而是在真实的劳动情境中主动探究、合作交流，培养了他们的创新思维和实践能力，也使得"尊重劳动、崇尚劳动"的价值观深深植根于他们的心中。此外，劳动教育与学科融合的实践还显著提升了学生的社会责任感和团队协作精神。他们在集体劳动中学会了互助互爱，体验到了劳动带来的快乐与成就，明白了个人的努力可以为社会、为集体带来积极变化。

风起于青萍之末，浪成于微澜之间。感谢编辑，在繁重的工作中，能呵护这微末的风浪，使得"学科与劳动教育融合"兴起于斯。感谢所有这些文字的作者，他们是思想者、执教者，更是先行者。感谢这些课程的学习者，你们是最珍贵、最美好、最光荣的体验者，更是实践者。让我们一起让劳动风浪，缘云山之阿，激荡于江海之下。

2024.3